本书为作者在浙江大学攻读博士学位期间学术成果

制造"后院"

美国与美洲体系的初步建构（1880—1890）

金将将　著

ZHEJIANG UNIVERSITY PRESS
浙江大学出版社

目　录

绪　论

第一节　选题缘由及选题意义

　　历时四年的南北战争（1861—1865）结束后，美国国内经历了巨大的变化。在技术革命的影响下，美国经济经历了以铁路建设为中心的飞速发展。同时，经济重心也开始由农业向工业转移。到 19 世纪 70 年代，美国的战后重建基本完成。经济的进步增强了美国的民族优越感和自信，促使他们开始在世界范围内扩大国家影响力，维护国家荣誉。

　　然而，周期性的经济危机让美国社会动荡不安。随着国内市场的日渐饱和，保持国内经济持续繁荣发展的迫切需求，驱使美国的政商精英们将更多的目光投向海外。在这一背景之下，空间距离上最近的拉丁美洲自然吸引了最多的关注。南北战争使美国错失了在这一地区开拓市场、扩张势力的先机，再加上缺乏与拉美国家更为直接的交通和通信手段，美国在拉丁美洲的影响力远远落后于欧洲国家。为此，从 19 世纪 80 年代开始，美国开始采取更为主动积极的拉丁美洲政策，以为美国寻找新的海外市场，扩大在美洲的影响力。

　　从 1823 年的门罗宣言开始，美国与拉丁美洲国家之间就维持着微妙的关系。19 世纪上半叶，美国的大规模对外扩张行动已经使拉丁美洲国家对其充满了怀疑情绪。为了改变这种情况，80 年代初，以时任国务卿詹姆斯·布莱恩（James G. Blaine）为代表，美国提出了友好合作的倡议，主张美洲联合行动。以泛美主义为指导，美国努力推动与拉丁美洲国家在经济、美洲争端解决、中美洲地峡运河等问题上的合作，逐渐开始形成完整的拉丁美洲政策体系——美洲体系①。

泛美主义所倡导的美洲合作,目的是排挤欧洲国家的势力,建立美国在西半球的领导地位,从而更好地为美国利益服务。这与门罗主义所追求的目标是一致的。但是,与门罗主义以美洲体系为口号,单纯防御欧洲国家对美洲的干涉与入侵相比,泛美主义试图通过与拉丁美洲国家合作,将他们拉入美国的阵营,从而建立美国在美洲的领导地位。从这个意义上来说,泛美主义实际上是门罗主义的进一步扩展,也显示出美国更为主动的外交政策转向。这也意味着,虽然美国的泛美主义与独立战争时期拉美国家提出的泛美主义都有美洲合作和反对欧洲干涉的内容,但是仍然存在着根本性的差别。

同一时期,以阿根廷为代表的一些拉丁美洲国家,政治发展平稳,经济改革顺利推进,逐渐成长为拉丁美洲的新兴强国,开始寻求在西半球发挥更大的影响力,这与美国对西半球领导地位的追求形成了竞争,某种程度上也导致美国对泛美政策的推行并不顺利。此外,许多拉美国家与欧洲的密切联系也导致他们并不愿意屈服于美国的政策导向。在这样的情况下,泛美主义开始成为美国遏制拉丁美洲国家兴起、保持拉丁美洲力量平衡的手段。在泛美主义下,拉丁美洲国家不得不面临欧洲主义与美洲主义的选择。然而,与欧洲长久以来的联系,以及与美国的竞争关系,使得许多国家在很多时候往往选择欧洲主义,欧洲主义甚至被用来抵消美国的影响。而有些时候,拉丁美洲国家在自身实力不足的情况下,也会利用美国的野心,与其他的拉丁美洲国家或是与支持他们的欧洲势力进行竞争,在这样的情况下,美国与欧洲的竞争已经不再仅仅是双方的博弈。

除了建立美洲霸权,排除欧洲的影响力,获得经济上的优越地位外,美国的拉美政策也带有某种理想主义的色彩。美国人的种族优越感使他们认为,只有掌握了文明的盎格鲁-撒克逊人的干预才能使拉丁美洲人摆脱人类堕落的深渊,美国人自以为的新使命促使其在拉丁美洲采取更加积极的战略和政策,以让这里的人民"获得文明"。这种所谓改变拉丁美洲不民主和

---

① 美洲体系是 1823 年门罗宣言的重要原则之一。针对俄、奥、普三国组成的神圣同盟试图帮助西班牙在美洲恢复殖民统治一事,美国总统门罗在其宣言中提出"美洲是美洲人的美洲"。门罗认为,美洲大陆是新世界而欧洲是旧世界,美国不能接受来自欧洲大陆的旧世界将其制度延伸到新世界来。美洲大陆的新世界将自成一个体系,即美洲体系。更早期的美洲体系构想来自曾任美国国务卿的亨利·克莱(Henry Clay)。他曾说,"我们有能力建立一个以我们为中心的制度,而所有南美国家都将与我们一起行动"。Calvin Colton,ed., *Speeches of Henry Clay*, A. S. Barnes & Co., 1857, pp.242-243.

落后的动机在 19 世纪 80 年代美国海外扩张的需求下又重新开始流行。①

　　从现存资料与成果来看,学界更多关注美国 19 世纪 70 年代的战后重建和 90 年代的海外扩张,很少有学者关注 80 年代的美国外交。许多历史学家都认为这一时期的美国人更加关注国内事务。但事实上,在这十年里,美国在外交上仍然发出了许多的声音。

　　以 19 世纪 80 年代的美国拉美政策为研究对象,具有多重意义。首先,美国的泛美运动就此发轫。通过多届政府的政策推行与外交行动,完整的拉美政策体系——即美洲体系——正逐渐形成。该体系奠定了美国 20 世纪拉美政策的基础框架。其次,这一时期的美国拉美政策体现了其积极对外扩张的政策转变。也正是 19 世纪 80 年代的探索和实践,才为美国在 90 年代的对外扩张做好了各方面的准备。因此研究这一时期的美国拉美政策,对了解美国的全面对外扩张具有重要参考意义。最后,拉丁美洲国家对美国采取的泛美政策的应对,也可成为研究美拉关系的有益参考,这一时期初步形成的美洲体系框架也成了 20 世纪美洲国家一体化运动之滥觞,对后者的历史溯源研究也具有重要意义。从现实意义来讲,美国与拉丁美洲关系的历史研究也将为中国发展与拉丁美洲关系,实施"一带一路"倡议提供实践参考。

第二节　国内外文献综述

　　在我国,对美国的拉美政策研究最早出现于 20 世纪五六十年代。由于当时冷战的铁幕已然落下,国内的美拉关系研究带有浓重的意识形态色彩。同时,研究的内容主要集中于美洲国家组织。因受到苏联的影响,国内学界普遍认为这一组织是美国用来侵略、控制拉丁美洲的工具。此类学术成果主要有谷纪的《美帝国主义怎样利用"美洲国家组织"侵略和压迫拉丁美洲各国》②、章叶的《美洲国家组织——美国侵略拉丁美洲的工具》③和刘光华的《美国侵略拉丁美洲简史》④,等等。这些文章从意识形态角度来研究美

---

①　Thomas M. Leonard,ed.,*United States-Latin American Relations*,*1850－1903*,*Establishing a Relationship*,The University of Alabama Press,1999,p. 13.

②　谷纪:《美帝国主义怎样利用"美洲国家组织"侵略和压迫拉丁美洲各国》,《前线》1960 年第 24 期。

③　章叶:《美洲国家组织——美国侵略拉丁美洲的工具》,《世界知识》1963 年第 18 期。

④　刘光华:《美国侵略拉丁美洲简史》,世界知识出版社 1957 年版。

国的拉丁美洲政策，为我们了解美国的拉丁美洲政策开启了道路。

　　到了80年代，国内开始出现对美拉关系更为系统的研究，如以泛美主义为研究对象的《泛拉丁美洲主义初析》①。80年代末，一大批以美拉关系为主题的研究成果开始涌现。王晓德的《十九世纪末美国提倡的"泛美主义"剖析》②(以下简称《剖析》)、陈海燕的《19世纪美国对拉丁美洲政策的历史演变》③和张文峰的《从门罗宣言到"睦邻政策"——兼论美国对拉丁美洲政策的指导思想》④等就是典型代表。尤其是王晓德教授在《剖析》一文中，提出美国打出泛美主义的旗号，就是要把以英国为代表的欧洲国家势力从拉美排挤出去。他认为泛美主义的出现标志着美国的拉丁美洲政策进入了一个新的阶段。这也是对泛美主义比较详细的研究论述。

　　到了90年代，国内出现了第一部真正意义上的美拉关系研究专著——洪国起与王晓德两位学者合著的《冲突与合作——美国与拉丁美洲关系的历史考察》⑤。该书在理论框架和背景材料上成果斐然。两位学者认为冲突与合作是美拉关系的一条主线。徐士澄教授在《美国和拉丁美洲关系史》⑥中提出，美国在拉美政策上基本上是连续的，扩张和争霸是其政策主线。另外，从90年代开始出现的一系列研究美国外交史的专著对美国所倡导的泛美体系也有提及，代表作有杨生茂先生所著的《美国外交政策史1775—1989》。作为我国在美国外交政策史研究领域的第一部专著，杨先生的著作填补了国内空白，认为扩张是贯穿整个美国外交政策史的主线，对于美国外交史研究具有重要意义。

　　随着冷战研究的大热，以冷战为背景的美拉关系研究也开始得到关注，但是完全地以美洲体系为中心的研究却不多。此类学术成果的代表主要有李巨轸的《略论早期泛美体系的历史演变》⑦、唐庆的《论美国拉美政策中美洲体系的演化》⑧、高静的《美洲经济一体化中的南南合作和南北合作——

---

　　① 刘德：《泛拉丁美洲主义初析》，《拉丁美洲丛刊》1985年第1期。
　　② 王晓德：《十九世纪末美国提倡的"泛美主义"剖析》，《山西师大学报(社会科学版)》1987年第4期。
　　③ 陈海燕：《19世纪美国对拉丁美洲政策的历史演变》，《湖北大学学报(哲学社会科学版)》1990年第6期。
　　④ 张文峰：《从门罗宣言到"睦邻政策"——兼论美国对拉丁美洲政策的指导思想》，《拉丁美洲研究》1986年第4期。
　　⑤ 洪国起、王晓德：《冲突与合作——美国与拉丁美洲关系的历史考察》，山西高校联合出版社1994年版。
　　⑥ 徐世澄：《美国和拉丁美洲关系史》，社会科学文献出版社2007年版。
　　⑦ 李巨轸：《略论早期泛美体系的历史演变》，《历史教学》2007年第9期。
　　⑧ 唐庆：《论美国拉美政策中美洲体系的演化》，《江汉大学学报(社会科学版)》2003年第3期。

从理论到实践》①、王萍的《美洲自由贸易区与拉丁美洲一体化》②等一系列
文章。这些文章为美洲体系的研究提供了有益的参考,具有重要的价值。
但是,总体而言,国内学界对美洲体系的研究主要集中于20世纪的美国拉
美政策与美洲体系的研究。

在国外,美国仍然是集中研究美国拉美政策的重要地区。美国学界最
早从19世纪末就开始了美拉关系的研究。当时的研究重点主要是门罗主
义和美拉关系。如威廉·柯蒂斯(William Eleroy Curtis)的《美国与外国力
量》③里就有关于拉美关系、门罗主义以及中美洲运河的研究。此外还有约
翰·拉塔内(John Holladay Latane)《美国与美洲外交关系史》④。此书被认
为是当时研究美洲国家关系方面最好的参考书。

从20世纪二三十年代开始,成熟的美国外交史研究开始出现。塞缪
尔·比米斯(Samuel Flagg Bemis)、德克斯特·珀金斯(Dexter Perkins)等
一批以美国对外关系史为研究对象的学者开始崭露头角。这些学者受到当
时进步主义运动的影响,以进步主义史学的方法对美国的外交政策进行分
析。当时的研究领域比较狭窄,大多是以门罗主义和美拉关系为研究对象。
其基本观点是,美拉双方的关系是建立在平等互利的基础上,并认为门罗主
义对于防止欧洲的干涉和维护西半球的独立意义重大。他们提出,美国对
拉丁美洲的作用是非常有益的,同时否认美国在拉丁美洲的扩张。此类观
点的代表人物是塞缪尔·比米斯。他在《美国外交史》⑤和《美国的拉丁美
洲政策》⑥中提出,美国的拉丁美洲政策具有连续性,美国和拉丁美洲各国
的关系也都建立在平等互助的基础上。在认可门罗主义的不干涉原则为拉
丁美洲提供保护的同时,他还否认美国在拉丁美洲的扩张。

除塞缪尔·比米斯外,同时代还有托马斯·贝莱(Thomas A. Bailey)、
朱利叶斯·普拉特(Julius W. Platt)等美国外交史家。与比米斯一样,这一
时期美国拉丁美洲政策的研究者都为美国的扩张辩护。此外,另一些美国

---

① 高静:《美洲经济一体化中的南南合作和南北合作——从理论到实践》,《拉丁美洲研究》2008
年第3期。

② 王萍:《美洲自由贸易区与拉丁美洲一体化》,《拉丁美洲研究》2001年第6期。

③ William Eleroy Curtis, *The United States and Foreign Powers*, C. Scribner's Sons, 1899.

④ John Holladay Latane, *The Diplomatic Relations of the United States and Spanish America*,
John Hopkins Press, 1900.

⑤ [美]比米斯:《美国外交史》,叶笃义译,商务印书馆1985年版。

⑥ Samuel F. Bemis, *The Latin American Policy of the U. S. , an Historical Interpretation*, New
York: Harcourt, Brace and Co. , 1943.

学者们也开始对泛美主义的定义展开研究。这些学者认为构成泛美主义的要素应该包括独立于欧洲国家的主权政治、民选政府和领土完整。① 这一代外交史学家们虽然在研究上相对保守,但是他们的研究采用了丰富的多国档案,还结合了当时的国际背景进行分析。这些学者主导了二战前的美国外交史研究,其研究成果奠定了美国外交史学的基础。

除了研究美国同拉丁美洲关系的专著外,另一类专著也对美国的拉美政策进行了阐述。如以泛美主义概念的提出者——詹姆斯·布莱恩为研究对象的《詹姆斯·布莱恩的外交政策》②一书就是典型代表。这也是后世对詹姆斯·布莱恩进行研究的重要参考。该书的作者爱丽丝·泰勒(Alice Felt Tyler)认为,时任国务卿布莱恩在拉丁美洲所推行的一系列政策都是为了实现美国和拉丁美洲的共同发展,以防范欧洲势力的侵入。这一泛美体系的构建对美拉双方都是有利的。总的来说,早期的第一代外交史家都以美国为中心来阐释美国同拉美的关系。

二战以后,现实主义学派的影响日渐扩大,但是在研究方法上同早期并无二致,仅在研究范围上有所扩大。此时的研究大都集中于政治和军事方面,研究材料也基本来源于美国政府的档案材料。但是现实主义学派基于权力政治的观点,将国际地位的考量作为外交政策制定的基石。他们批评早期美国的外交政策研究者过多地从道德因素,而非国家利益、国力、战略格局等出发考虑问题。现实主义学派的主要研究方向是对战后美国外交的批判,并更为关注冷战这一大环境,对美拉关系的详细研究并不多,代表人物有汉斯·摩根索(Hans Morgenthau)、乔治·凯南(George Kennan)。

20世纪60年代,新左派史学兴起,美国外交史研究出现了修正主义学派。美拉关系的研究也发生了非常大的变化。修正主义学派对美国外交政策总体持批判态度,承认并批评美国对拉丁美洲国家的扩张政策。他们认为经济是美国对外政策中的决定性因素。这一时期的外交史家如沃尔特·拉夫伯(Walter LaFeber)在《剑桥美国对外关系史(上)》③的第二卷中就提出,鉴于19世纪80年代以后美国军事力量的突出地位,美国在拉美地区的外交政策主要并不是为了寻求秩序与稳定,而是获得经济利益和战略立足点,以便在此基础上获得更多的机会。然而这些政策却在19世纪90年代

---

① Joseph B. Lockey, "The Meaning of Pan-Americanism," *The American Journal of International Law*, Vol. 19, No. 1 (Jan., 1925), pp. 104-117.

② Alice Felt Tyler, *The Foreign Policy of James G. Blaine*, Archon Books, 1927.

③ [美]孔华润主编:《剑桥美国对外关系史》,王琛等译,新华出版社2004年版。

初导致了混乱和冲突,反过来又进一步迫使美国政府发展必要的海军力量。

然而,对经济因素的过分看重也是修正主义学派的缺点之一。这一派的学者们认为,经济扩张是一个经过深思熟虑、持续不断的过程。但以本文研究的 19 世纪 80 年代美国拉美政策为例,想要在拉丁美洲实现包括修建铁路、开凿运河、签订互惠协定等经济扩张目标,从经济因素的角度看并非难事。但是美国的两党政治、孤立主义传统以及其他因素都让时任国务卿布莱恩在拉美国家实施上述政策时遭遇失败。这也就表明,经济因素固然重要,但并不是唯一的决定因素。这同时也表明,美国对拉美的经济扩张过程并不是持续的。

在此之后,修正主义学派的学者们对观点进行了进一步的修正。他们认可经济因素在美国对外政策中的重要影响,但也承认这并不是决定因素,还有其他众多的因素也在影响着美国的外交政策。如托马斯·帕特森(Thomas Patterson)在其代表作《美国外交政策史》①中,就提出美国的经济利益是美国在拉丁美洲地区发挥重要影响的因素之一,但是"国内政局、政客个人的观点和对立以及行政与立法权力之间的紧张关系都可能产生干扰",而且"美国缺乏军事力量和有效的外交力量"。

以修正主义学派为起点,在 20 世纪的最后 30 年中,美拉关系的研究领域大为扩展。如拉曼·C. 威尔逊(Larman C. Wilson)与哈罗德·尤金·戴维斯(Harold Eugene Davis)合著的《拉丁美洲政策:一种分析》②就从拉丁美洲的视角来研究美拉关系,认为美国对拉丁美洲的政策是担心其陷入敌对势力——特别是欧洲势力——的控制之中,从而威胁美国的安全,而且该书习惯于将拉丁美洲作为一个整体进行考量。又如汤姆斯·M. 莱纳德(Thomas M. Leonard)在其所著的《美国和拉丁美洲关系:1850—1903》③中更多地考虑了国际因素。他认为在研究 19 世纪末的美拉关系时,还需要综合考虑欧洲、美国和拉丁美洲之间的碰撞。

除了国际因素在美拉关系研究中的重要性开始凸显,相关的研究领域也拓展到了除政治和军事以外的方向。一方面,研究拉美历史的历史学家和研究美国对外关系史的历史学家们合流。另一方面,跨学科的理论方

---

① [美]托马斯·G. 帕特森、J. 加里·克利福德、肯尼思·J. 哈根:《美国外交政策》,李庆余译,吴世民、郭健校,中国社会科学出版社 1999 年版。

② Larman C. Wilson, Harold Eugene Davis, *Latin American Foreign Policies, an Analysis*, The Johns Hopkins University Press, 1975.

③ Thomas M. Leonard, ed., *United States-Latin American Relations, 1850—1903, Establishing a Relationship*, The University of Alabama Press, 1999.

法——尤其是政治学的理论——在其中的应用更为明显。比如，沃尔特·拉夫伯就以依附理论来解释中美洲国家经济落后的现状。

除了探究各国政府互动的传统视角，更多的如民主、财政、商业、环境等方面都开始得到关注。历史学家们也开始集中于特定国家和国家组织的研究。如戴维·M.普莱彻（David M. Pletcher）所著的《贸易和投资的外交：美国在西半球的经济扩张（1865—1900）》①就以美国在拉丁美洲的贸易和投资为研究对象，克里斯托弗·R.托马斯（Christopher R. Thomas）和朱莉安娜·T.马格洛（Julianan T. Magloire）所著的《区域主义与多边主义：全球环境中的美洲国家组织》②则通过对美洲国家组织的论述，同时结合西半球和国际情况，来讨论美洲国家组织所追求的目标。

这些发展全都得益于20世纪80年代美国外交史学界对于传统研究方法的质疑。此时已经有一些学者开始意识到，传统的研究方法和视野将错综复杂的外交关系过于简单化，不仅忽视了美国外交对国际关系的影响，同时对国际环境对美国外交的反向作用也缺乏关注。基于此种认识，美国外交史学界开展了大讨论，认为美国外交史不能再单纯地局限于以美国为中心的历史，而应该以国际的视野和跨学科的方法来进行研究。

总体而言，美国学界对19世纪80年代的政策鲜有单独的论述，研究中更加习惯于将整个镀金时代（1870—1900）作为一个整体进行论述。这些研究根据研究对象的不同大致分为三类。第一类以詹姆斯·布莱恩为研究对象，研究其外交政策，如《詹姆斯·布莱恩：帝国的建筑师》③《詹姆斯·布莱恩与拉丁美洲》④。由于研究者们对于布莱恩的个人观感上的差异，这些专家对其外交政策的阐述往往也大相径庭。总体来说，此类研究的参考价值一般，只有部分对布莱恩的泛美思想来源的研究以及同后继政府之间的政策的比较具备一定参考意义，同时在研究方法上则无太多新意。

第二类以美国同特定拉美国家或地区的关系为研究对象，或是将研究

---

① David M. Pletcher, *The Diplomacy of Trade and Investment: American Economic Expansion in the Hemisphere*, University of Missouri Press, 1998.

② Christopher R. Thomas, Julianan T. Magloire, *Regionalism versus Multilateralism, the Organization of American States in a Global Changing Environment*, Kluwer Academic Publishers, 2000.

③ Edward P. Crapol, *James G. Blaine: Architect of Empire*, Rowman & Littlefield, 2000.

④ David Healy, *James G. Blaine and Latin America*, University of Missouri Press, 2001.

范围限定在某一特定时期。在《美国和拉丁美洲——建立一种关系》①一书中,作者汤姆斯·M.莱纳德叙述了拉丁美洲不同国家在美国外交上的重要性,分析了影响各个国家同美国外交关系的因素,例如墨西哥和古巴同美国之间的外交关系主要受到经济因素和边境安全的影响。本书提出,19世纪80年代美国在拉丁美洲的对外政策并不具备连续性,反而遭到了很多失败。但不可否认的是,通过私人企业和政府的行动,美国扩大了其在拉丁美洲国家的影响。对拉丁美洲国家来说,他们也逐渐把美国视作主要的合作对象,这也给美国打上了"帝国主义"的标签。类似的著作还有斯蒂芬·兰德尔(Stephen J. Randall)的《哥伦比亚与美国:霸权与独立》、威廉·萨特(William F. Sater)的《智利与美国:冲突中的帝国》和汤姆斯·麦肯(Thomas F. McGann)的《阿根廷、美国和美洲体系(1880—1914)》。②

第三类研究将美国同欧洲国家在这一地区的竞争作为研究对象,从而分析美国的拉美政策。如李斯特·D·兰利(Lester D. Lanley)的《为了美国的地中海:美国和欧洲在加勒比湾的竞争》③就是此类研究的典型代表。约瑟夫·史密斯(Joseph Smith)在《冲突的幻觉:美英对拉丁美洲的政策(1865—1896)》④里提出,美国将英国视为这一时期在拉美地区的主要对手的观点,不过是一种错觉。英国在这个地区的外交是谨慎、保守甚至可以说是退让的。但是美国的这种错误认知反而使英国在加勒比地区的扩张变得更为主动。

虽然研究美拉关系、泛美体系的专著和论文并不少见,但多散见于各类综合研究中,对19世纪80年代的拉美政策的研究也散见于各类研究中。

① Thomas M. Leonard,ed. ,*United States-Latin American Relations*,*1850—1903*,*Establishing a Relationship*,The University of Alabama Press,2014.

② Stephen J. Randall, *Colombia and the United States*: *Hegemony and Interdependence*, University of Georgia Press,1992; William F. Sater, *Chile and the United States*: *Empires in Conflict*, University of Georgia Press, 1990; Thomas F. McGann, *Argentina*,*the United States*,*and the Inter-American System 1880—1914*. Harvard University Press,1957.

③ Lester D. Lanley,*Struggle for the American Mediterranean*: *United States-European Rivalry in the Gulf-Carribean*,*1776—1894*,University of Georgia Press,1982.

④ Joseph Smith,*Illusions of Conflict*: *Anglo-American Diplomacy toward Latin America*,*1865—1896*,University of Pittsburgh Press,1979.

第三节　研究思路及研究方法

本书将以 19 世纪 80 年代美国政府的拉丁美洲政策为主要研究对象。这些政策最终构成了美国提出的美洲体系。在加菲尔德政府时期(1881)，时任国务卿的詹姆斯·布莱恩提出了友好合作的美洲联合号召，并且以此向拉丁美洲各国发出了美洲和平大会(Inter-America Peace Conference)的邀请，倡导建立美洲仲裁体系。这是美国首次尝试具体的美洲联合，开泛美运动之先河。随后的切斯特·A.阿瑟政府时期(1881—1885)，时任国务卿弗里林海森(Frederick Theodore Frelinghuysen)积极推进美洲互惠贸易体系，试图建立以美国为中心的多边贸易体系。

克利夫兰第一任期内(1885—1889)，虽然美国在拉丁美洲政策上采取了保守收缩的战略，但是仍然通过了召开第一次美洲国家会议的决议。时任国务卿贝亚德(Thomas Francis Bayard)还派遣特使前往多个拉丁美洲国家进行游说工作。此外，这一时期的美国政府又重提与墨西哥的互惠贸易问题。

到了 80 年代末的哈里森政府时期(1889—1893)，在总统哈里森的支持下，再一次出任国务卿的布莱恩终于在 1889 年于华盛顿成功主持召开第一次美洲国家会议。此次会议与 1881 年的美洲和平大会相比，涵盖了更多内容，讨论的议题也更为丰富，基本上综合了 1881 年以后美国提出的一系列对拉丁美洲的政策内容，如美洲仲裁体系、美洲互惠条约体系，等等。会后各国共同推行的美洲国家互惠条约体系在短期内对美国的贸易起到了巨大的推动作用。后续成立的美洲共和国商务局也成为后来的美洲国家组织的前身。综上所述，本文的研究时间将限定在布莱恩初次出任国务卿的 1881 年至第一次美洲国家会议顺利闭幕的 1890 年。

从 1881 年的加菲尔德政府到 1889 年的哈里森政府，美国先后在拉丁美洲政策上提出了美洲仲裁体系、经济互惠体系等政策。本书将以时间为线索，考察以下几个主要问题：

(1)19 世纪 80 年代美国拉丁美洲政策的形成背景是什么？

(2)80 年代的拉美政策是如何发生变化的，各届政府的拉美政策有什么不同，其背后的动机是什么？

(3)拉丁美洲国家与欧洲国家对美国所推行的政策有何反应，在欧洲主义与美洲主义之间这些国家是如何抉择的,其背后动机是什么?

(4)美国的拉丁美洲政策最终产生了什么影响?

本书采用历史文献法,大量利用美国外交档案、国会档案、会议报告以及当时的报刊文献,在前人研究和评价的基础上,对美国在这一时期的拉丁美洲政策做基本的梳理。同时结合美国国内的政治、经济等因素,参考拉丁美洲国家及其他相关欧洲国家的反应,尤其是拉丁美洲国家在美国推进美洲联合过程中的行动,考察这一时期拉丁美洲政策所产生的后续影响。

在研究对象上,本书所研究的美国外交的时间段即 19 世纪 80 年代,鲜少被人关注,许多意见认为这是一个美国外交历史上的沉寂时期,然而从本书的研究来看,80 年代作为一个过渡时期见证了美国在外交上的许多探索,而这一时期也基本奠定了 90 年代以后的大部分时间里美国拉丁美洲政策的基本框架,以泛美主义为指导的泛美运动也开始产生。

在材料的使用上,除传统的外交官方文献外,本书还采用了许多报纸期刊和回忆录,其中包括部分西班牙语材料,以考察美国和拉丁美洲公众舆论对外交政策的反应。

在内容上,本书除了以美国为主体视角进行叙述和考察外,也尽可能从拉丁美洲国家的角度对这些政策进行研究,不再单纯以美国为中心。本书希望能够尽可能对双方之间的互动进行研究,使得内容更加完整。

最后,本书认为,美国以反欧为目的的泛美主义在这一时期更多地被用来遏制拉丁美洲国家的发展,其中以智利和墨西哥最为典型,一些新兴国家已然成了美国在这一地区新的对手。而这一时期美欧竞争的局面已经不单单是双方的简单竞争,在欧洲主义与美洲主义的选择中,引入欧洲力量开始成为拉美国家节制美国影响的重要方式。

诚然,本书的研究仍有不少可提升之处。由于作者的西班牙语水平有限,以及相关西班牙语资料的电子化程度不高,因此西班牙语参考文献的数量稍显不足,有待在后续学习和研究中进一步提升完善,从而充实以拉丁美洲国家的视角看待美国拉美政策的内容。

第一章　美国拉丁美洲政策的历史回顾：
从门罗主义到泛美主义

19世纪20年代,在拉丁美洲国家独立地位的问题上,门罗总统于1823年发表了门罗宣言,其中包括互不干涉原则、不准殖民原则和美洲体系原则,奠定了美国在拉丁美洲问题上的基本立场。到了19世纪中期的美国大陆扩张时期,门罗宣言逐渐演变成门罗主义,开始成为美国在西半球扩张的合理依据。美国的大陆扩张也导致其与拉丁美洲国家之间的关系恶化。内战结束后,美国放弃了领土扩张,从80年代开始,美国提出与美洲国家友好合作的泛美主义,美国的拉丁美洲政策进入了新的阶段。需要指出的是,美国所提出的泛美主义下的美洲联合与拉丁美洲在独立战争时期提出的美洲联合存在着根本性的区别。

第一节　美国拉美政策的基本立场:门罗宣言的提出

19世纪20年代初期,拉美殖民地独立战争纷纷获胜,西班牙和葡萄牙在美洲的殖民统治面临土崩瓦解,美洲大陆的国际格局进入了重构时期,欧洲大陆则通过维也纳会议重新恢复了欧洲大陆的旧秩序,确立了镇压革命的原则,并且通过维也纳体系保持了平衡的状态,各方势力开始蠢蠢欲动。俄国、英国、美国都觊觎拉美,欲填补西班牙殖民统治失败之后的"真空"。在1821年镇压了那不勒斯和皮蒙特的起义之后,由俄罗斯、奥地利和普鲁士发起的神圣同盟扬言要支持西班牙恢复其在拉美的殖民统治,利用法国军队对拉丁美洲独立战争进行武装干涉。[①]

面对神圣同盟的威胁,时任英国外交大臣乔治·坎宁(George Canning)建议英美联合共同发表宣言承认拉丁美洲国家的独立,抵制神圣同盟,反对西班牙在拉美恢复殖民统治。在与美国驻英大使理查德·拉什(Richard Rush)就拉美问题的谈话中,坎宁明确了英国在拉美国家独立问题上的基本立场。英国认为,"西班牙恢复它的殖民地是没有希望的,对拉美国家独立地位的承认也只是时间和条件的问题。英国不会阻挠拉美国家和西班牙之间的和平交涉,也没有侵占拉美领土的意图,但是我们不能放任他们的领土被转让给任何其他国家。"坎宁提出,他相信美国与英国在这些问题上的想法是一致的,双方应当联合起来,向世界表明态度。[②] 坎宁邀请美国共同发表的立场,实际上就包括了后来门罗主义所指的不转移原则。英国并不愿意欧洲重新在拉丁美洲殖民而破坏欧洲大陆的均势,在 19 世纪自由贸易的情况下,广阔的拉丁美洲市场也将为英国的商业活动提供无限的可能。

拉什向英国政府暗示,如果坎宁可以保证英国承认这些殖民地独立地位的时机已经到来,那么他会考虑采取更果断的行动。但是,如果没有这样确切的保证,那么他只能将整件事交予美国政府处理。当拉什将坎宁的建议报告给华盛顿的时候,美国的决策层产生了分歧。

当时的总统门罗向前总统杰斐逊和麦迪逊寻求建议,这两位元老一致认为,美国应当接受坎宁的建议,和英国一起发表公开声明。杰斐逊曾对麦迪逊说,"我们不能太过明显地脱离欧洲体系,虽然这样一个体系本质上是好战的,也不能过于刻意地培育美洲体系,即使这个体系基本上是和平的",杰斐逊又对门罗说,"我们首要的和基本的原则,就是不要陷入欧洲的混乱之中,我们应该有一个我们自己的体系,使我们的土地不受外国势力的侵扰,使美洲国家的事务不受外国的干涉"。[③]

---

① 神圣同盟发起之后的同年,英国与俄、奥、普三国建立了四国同盟,这个同盟被看作是神圣同盟的核心,法国在同盟成立的三年后也加入,虽然英国加入了这个同盟,但是实际上英国并没有积极参与这个同盟。英国的外交政策目标主要是为了维持欧洲大陆的均势,但是当欧洲主要的几个国家团结在一起,不再听从英国的建议而执意要干涉拉丁美洲革命时,英国只能从新大陆寻找新的力量共同反对由法、俄、奥、普组成的同盟。新大陆的美国于是成了最佳的选择。

② Manning,William R.,ed.,*Diplomatic Correspondence of the United States Concerning the Independence of the Latin-American Nations*,Vol. 3,Oxford University Press,1925,p. 1478.

③ Thomas L. Karnes,ed.,*Readings in the Latin American Policy of the United States*,The University of Arizona Press,1972,p. 26,pp. 30-31.

　　另一方面，也有一些人表示了反对的立场，比如当时的国务卿亚当斯就认为这不过是英国的陷阱，如果美国做出公开的保证，同意英国提出的基本原则，就意味着美国以后不能获取任何拉丁美洲的领土，比如古巴。① 亚当斯还认为，和英国共同发表宣言，不过是让英国占了先机，美国会被认为是英国的应声虫。"向俄国和法国明确地表明我们的原则，总比像一艘小船跟在英国军舰后面要体面得多。"②

　　针对沙皇邀请美国参加神圣同盟，亚当斯还说道，"坚决而慎重地超然于欧洲体系的纠纷之外是 1873 年以来美国外交政策的重要内容"，"为了欧洲以及美洲的休养生息，欧洲和美洲的体系应当尽可能分开"。③ 一个单独的美洲体系，是亚当斯对当时的总统门罗就美洲问题的建议。为了进一步确定美国的立场，美国分别向欧洲国家进行了试探。法国明确表达了不会试图以任何方式干涉美洲问题，而俄国驻美代表也向美国表明不会干涉。④

　　欧洲国家的表态平息了美国的担忧，在经过种种考虑之后，美国决定撇开英国，独自发表宣言，表明美国的立场。1823 年 12 月 2 日，美国总统门罗发表国会咨文，即门罗宣言。门罗宣言表示，欧洲国家对北美和南美的土地进行殖民，对其政权进行干预的行为，都将被视为侵略行为，美国有权力介入进行干涉。同时，美国不会干预现存的欧洲殖民地，也不会参与欧洲国家内部事务。由于反对欧洲的干涉，门罗宣言在一开始受到拉美国家的普遍欢迎，美国利用了当时的国际局势，使美国在同拉丁美洲的交往中占得了先机。

　　门罗宣言发表后，乔治·坎宁赶紧将《玻利尼亚克备忘录》（*Polignac Memorandum*）的复本送往拉美各国首都，以表明英国的立场，向拉美国家示好。⑤

---

　　① Charles F. Adams, ed., *Memoirs of John Quincy Adams, Comprising Portions of His Dairy from 1795－1848*, J. B. Lippincott & Co., Vol. 6, 1877, pp. 177-179. 19 世纪早期，美国仍然觊觎拉丁美洲的领土，提出的熟果理论就是一例。"熟果"理论认为美国对于古巴的政治吸引力必会在成熟的时机使古巴成为美国的一部分，就像果实成熟了落地一样。需要指出的是，此时的古巴内部也有一部分上层的克里奥人支持美国并入古巴，这种想法一直到 19 世纪中期以后才消失。

　　② Dexter Perkins, *A History of the Monroe Doctrine*, Little, Brown and Company, Boston, Toronto, 1963, p. 43.

　　③ ［美］S. F. 比斯：《美国外交史》第一分册，叶笃义译，商务印书馆 1965 年版，第 227 页。

　　④ Dexter Perkins, *A History of the Monroe Doctrine*, Little, Brown and Company, Boston, Toronto, 1963, pp. 38-39.

　　⑤ 张德明：《国际机遇的利用与美国对拉丁美洲的经济扩张》，《郑州大学学报（哲学社会科学版）》2016 年第 6 期，第 158－165 页。

　　门罗宣言的发表，是美国在拉丁美洲问题上的正式的立场表达，宣言中主要包含三项基本原则：美洲体系原则、互不干涉原则和不准殖民原则。美洲体系实际上将欧洲大陆和美洲分离，美洲因为天然隔绝而自成一个体系，以这个体系的联合来抵御欧洲的干涉，这种情况实际上是一种扩大的孤立主义。其中的互不干涉原则与美洲体系原则结合在一起，成为对抗欧洲尤其是英国势力渗透的工具。这三项原则基本上概括了19世纪美国拉美政策的基本立场和框架。

　　然而，限于美国当时有限的实力，门罗宣言并不能发挥实质性的影响。门罗宣言更像是美国在当时国际环境下做出的一种表态，而且某种程度上利用了英国的影响。① 从外交形势来讲，门罗主义的提出不仅帮助美国在一定程度上遏制了欧洲国家干涉拉丁美洲独立革命，也赢得了拉丁美洲国家的好感。

第二节　大陆扩张时期的美国拉美政策：门罗宣言到
门罗主义的转变

　　19世纪中期，美国经济飞速发展，以天定命运论为特征的美国扩张主义思潮在国内蔓延，美国开始了历史上最大规模的一轮领土扩张。② 1845年，通过与德克萨斯签订合并条约，美国正式吞并了原属于墨西哥的得克萨斯土地。1848年，美国又通过与墨西哥的战争，仅仅以1500万美元的代价就获得了墨西哥将近一半的领土，这些土地包括今天的亚利桑那、新墨西哥、加利福尼亚、内华达等州。在天定命运的指引下，美国基本上完成了从东海岸到西海岸的大陆扩张。

　　由于英国和法国反对美国对得克萨斯的兼并，美国又重提门罗宣言。1845年12月2日，当时的美国总统詹姆斯·K·波尔克（James Knox Polk）在其第一个年度咨文中提出："当前环境是重申门罗宣言原则的恰当时机……每个欧洲国家的现有权利都应得到尊重，但是由于我们的安全和利益，我们对法律的有效保护应扩展到我们的整个领土范围……在没有得

---

　　① 英国的提前表态让美国确信英国不会干涉拉美独立，而英国的表态也给美国以信心，既而利用英国的影响震慑其他的欧洲国家。

　　② 天定命运论于1845年7月由美国《纽约杂志和民主评论》主编约翰·奥萨利文提出，具体内容是，"外国政府曾企图挠得克萨斯的合并，以便制止上帝为了我们成百万人民的逐年自由反之而把天定命运扩张到北美大陆。上帝赋予我们在整个大陆发展的权利是天定命运"。徐世澄主编：《美国和拉丁美洲关系史》，社会科学文献出版社1995年版，第41页。

到我们同意的情况下，任何欧洲国家都不得在北美地区进行殖民统治或建立自治领。"[①]

门罗宣言刚提出的时候，表达的不过是对拉丁美洲革命的看法，美国不愿见到欧洲干涉拉丁美洲的局面，于是提出门罗宣言，想要阻止欧洲势力对美洲的干涉。但是从这一时期开始，门罗主义随着美国的扩张运动开始有了越来越多的意义。从波尔克的国会咨文开始，美国实际上已经将门罗主义作为自己在西半球扩张的理论依据，为美国的大陆扩张和侵略行为提供辩护。

除此之外，波尔克还说道："如果任何欧洲国家试图在北美建立任何新的殖民地，那么这一原则将被更加强有力地应用。"[②]从这里来看，波尔克实际上将门罗宣言更多地强调在北美的问题上，在拉丁美洲的问题上并没有表现出非常强硬的态度。正如美国外交史学者比米斯所说的那样，为了在北美洲实行门罗主义原则，不得不在南美洲放弃门罗原则。[③] 这种情况从根本上来说是由美国的实力所决定的。从波尔克的国会咨文开始，门罗宣言成了门罗主义，而美国的拉美政策也进入了新的时期。

在攫取加利福尼亚和墨西哥的领土外，美国还在中美洲和加勒比海地区与英国展开了激烈的争夺。从 1849 年到 1851 年，以纳西索·洛佩斯（Narciso Lopez）为首的南部扩张分子三次非法入侵古巴失败，[④]这种非法活动一直到 1855 年才逐渐消失。英法担心美国在古巴问题上重演加利福尼亚的兼并，因而希望能够与美国签订三方协定，阻止古巴被任何国家吞并，此举遭到了美国的拒绝。从波尔克时期开始，美国两次向西班牙施压要求购买古巴，这种企图最终因为南北战争的爆发而搁置，但是美国一直没有放弃对古巴的攫取。

美国还在争取一条中美洲地峡运河的问题上展开了积极的外交，先后与哥伦比亚和英国签订了关于运河的条约，为美国争取控制运河赢得了时

---

① "First Annual Message to Congress, December 2nd, 1845," *The American Presidency Project*, https://www.presidency.ucsb.edu/documents/first-annual-message-6.

② Richardson, James D., *A Compilation of the Messages and Papers of the Presidents*, 1789—1902, Vol. 5, Government Printing Office, 1902, pp. 2248-2249.

③ S. F. Bemis, *Latin America Policy of the United States, a Historical Interpretation*, Harcourt, Brace and Company, 1943, p. 101.

④ 洛佩斯本人是委内瑞拉人，但是他组织的三次远征都有美国的官方人士参与，而西班牙当局对这些非法入侵者的扣押与处决都遭到美国政府的反对和干涉，某种程度上，美国官方对这种非法入侵的行为是默许的。

间。由此，门罗主义也产生了新的表述，即"美国控制运河论"。① 总体来说，门罗主义其实是同美国的扩张运动相辅相成的，随着美国的扩张，门罗主义才被赋予了更多的意义，因此，门罗主义其实更多的是美国为自己的扩张行为寻求合理化依据的一种工具。②

第三节　内战后美国的拉丁美洲政策：从门罗主义到 泛美主义的转变

内战结束后，美国经济经历了飞速发展的时期，工业革命的完成，大规模的铁路建设，欧洲移民的大量涌入等都使西北部的经济得到了飞速的发展。经济上的巨大成就增强了美国人的民族自信。1873 年，世界性的经济危机爆发，欧洲国家相继开始实行贸易保护主义，建立贸易壁垒，而美国在地理上最为邻近的贸易伙伴——拉丁美洲国家，更是采用了比之前更高的关税税率。这就造成了美国这一时期经济发展最突出的矛盾：一方面是国内生产过剩，急需开拓海外市场，另一方面贸易保护主义的盛行使得美国开拓海外市场的行动变得困难。在双重障碍之下，美国显然需要采取更加积极的政策来打开在拉丁美洲的局面。

然而从 19 世纪中期的门罗主义提出开始，大多数拉美国家已经感到，门罗主义不过是美国为了本国的利益而提出的，在排除欧洲干涉的名义下实际上是为了方便美国的利益扩张。19 世纪中期美国的领土吞并行动导致拉美国家已经不再信任美国和门罗主义，于是，泛美主义（Pan-Americanism）就应运而生了。

1881 年，詹姆斯·布莱恩出任国务卿后提出了"老大哥政策〔Big Brother(Sister) Policy〕"，其具体内容就是要与拉丁美洲国家建立非正式的商业和政治联盟，建立起所谓的美洲体系，阻止欧洲在西半球的入侵，并推进美国在太平洋地区的政策，通过政治性的和经济性的外交努力，来展示美国国家和民族的力量，增加美国的海外影响力，赢得国家的荣誉。这一政策的重心即推进非正式的美洲联合，也就是所谓的泛美主义。从美国想要达到的目的来看，泛美主义是门罗主义的延伸，只是这种政策已经从单纯的防御转变为对西半球主导地位的追求。

---

① 美国控制运河论的逻辑是，运河作为连接南北美洲重要的交通通道，对美国来说具有重要的政治、经济、军事意义，一条由美国控制的运河才是符合门罗主义原则的，即所谓的不得转让原则的实践。

② 屈从文：《美国崛起与扩张的产物》，《大国》（第四辑），北京大学出版社 2005 年版。

由于泛美主义提出的美洲体系原则与拉美独立英雄玻利瓦尔的美洲主义有相似性,因此对拉丁美洲国家有一定的吸引力和迷惑性。但是实际上,泛美主义的内核仍然是门罗主义。

美国提出的泛美主义所要建立的是孤立于欧洲的美洲体系,这种体系的最终目的是驱逐欧洲势力,在西半球范围内树立美国的权威,泛美主义与美洲体系不过是实现美国政策目标的工具。1886年,詹姆斯·布莱恩明确表达了与中南美洲国家改善关系的真正意图,"我们所需要的,是我们的南方邻国的市场。如果这些市场得到保障,我们的制造业将产生新的活力,西部农民的产品便有了销路,导致罢工的理由和诱因以及与之相伴相生的各种弊端都将消失"。① 在他的领导下,越来越多的美国人开始将西半球称为"我们的半球"或"我们的势力范围"。在泛美主义下,美国开始了积极的对外扩张。

第四节　美洲联合思想的源流:拉美国家的美洲联合思想与美国的泛美主义的区别

需要特别指出的是,泛美主义作为一个概念,其实并不像门罗主义一样,有一个特定的提出者。它更多的是一种情感,一种美洲联合的愿望,并不是能够被定义限定的。② 由于泛美主义的最基本概念是美洲联合,因此许多学者往往将玻利瓦尔认为是泛美主义的最初提出者,但是美国所提出的美洲体系与拉美独立英雄玻利瓦尔提出的美洲体系存在着根本性的差别。

拉丁美洲人民的泛美主义思想源于独立革命时期反对西班牙殖民统治的联合意识。

1812年12月,玻利瓦尔发表了著名的《卡塔赫纳宣言》,他在其中提到:"即使联邦制度是最完善的、最能给生活在社会中的人赐予幸福的制度,它却是最违背我们的新生国家利益的。总的来说,我国同胞还没有具备独立和广泛行使权利的能力,因为他们缺乏真正的共和主义者特有的政治品质……我认为,只要我们还没有把美洲各国政府的力量集中起来,敌人就将取得最完全的优势,而我们必将陷入可怕的民事纠纷之中,必将屈辱地被遍

---

① Edward Crapol, *James G. Blaine: Architect of Empire*, Wilmington, DE: SR Books, 2000, pp. 166-167.

② Samuel Guy Inman, *Problems in Pan Americanism*, George H. Doran Company, 1925, p. 219.

布各地的一小撮坏蛋们所打败。"①玻利瓦尔的宣言代表了美洲联合思想最初的雏形。他认为，在欧洲国家维持均势的情况下，整个美洲必须结成一个联盟，同欧洲大陆保持一种均势的状态，防止新生的美洲被欧洲干扰，避免战争爆发。此外，玻利瓦尔还认为，美洲联合将有利于增加美洲的力量。

在《牙买加来信》中，玻利瓦尔提到："使新世界组成一个国家，依靠一种联系将各部分整体连接起来，这是一个伟大的理想。"1821 年召开的巴拿马大会讨论了拉丁美洲联合的问题，玻利瓦尔建议建立一个联盟，"以结成迄今为止全球最广泛、最卓越或最强大的联盟为宗旨；各国之间及每个国家的内部秩序将完整地得到维护；任何一国都不比其他国家弱，任何一国都不比其他国家强"。② 在玻利瓦尔的设想中，这样一个各独立国家平等的联盟是一种多元化的联合，不仅可以帮助调解拉美各国之间的分歧，同时还可以团结力量，抵御欧洲国家的入侵。

值得注意的是，这一联盟并没有将美国囊括其中，而仅仅是指拉丁美洲国家的联合。这种理念更确切地说是"拉丁美洲化"而不是"泛美化"。因此，也有学者将玻利瓦尔的美洲主义称为玻利瓦尔主义。

虽然美国与拉美国家都经历了殖民地时期，但是双方存在着巨大的差异。在西班牙的殖民统治之下，拉丁美洲人在政治、文化和宗教方面都有着相似之处，而这些大多数起源于欧洲。在启蒙运动兴起以后，许多人都受到了欧洲的启蒙运动的影响，传统西班牙式的自由天主教传统和启蒙运动的影响相融合，使得美洲人民相信，他们有着相同的政治理念，有着同样的经历，这也成为拉美国家在独立战争之初联合的基础，是泛美主义最初的来源。

"在三百年漫长的历史中，美洲土地上逐渐形成了一种新的混合文化，它的基础是一个由美洲本土出生的白人和混血人种组成的，逐渐成长壮大的人群。他们所代表的新文化表现在语言、艺术、政治、宗教、经济等各个方面。人群实体和文化融合带来了美洲本土观念和感情的强化，这就是诞生之中的美洲主义。美洲主义是独立倾向的重要因素。"③政治理念的相同奠定了联合的基础，而同欧洲的区别和对抗则加强了这种联系。对这些国家

---

① 西蒙·玻利瓦尔：《牙买加来信》，《玻利瓦尔文选》，中国社会科学院拉丁美洲研究译，中国社会科学出版社 1983 年版，第 60 页。

② 西蒙·玻利瓦尔：《玻利瓦尔文选》，中国社会科学出版社，中国社会科学院拉丁美洲研究所译，中国社会科学出版社 1983 年版，第 138—139 页。

③ 索萨：《拉丁美洲思想史述略》，云南人民出版社 2003 年版，第 107 页。

来说，驱逐欧洲势力，同欧洲国家区别开来，意味着同旧世界分隔开来，建立和维持一个新世界。

这种新旧世界的分割论同美国当时的论调不谋而合。北美殖民地在获得独立以后，也一直标榜同欧洲大陆旧世界的隔离而执行孤立主义的外交政策。然而19世纪80年代的泛美主义已经不再是孤立主义下的防御政策，与拉丁美洲的革命领袖们提出的泛美主义有着明显的差别。

从美国来说，美国提出的美洲体系最早可以追溯到亨利·克莱时期的美洲体系。这种美洲体系思想虽然与玻利瓦尔的拉丁美洲一体化都有抵御欧洲入侵和干涉的内容，但是在这个体系中，美国人将自己置于领导地位。美国并不认为拉美新生国家同美国是平等的，美国提出联合的倡议也只是为了将拉美国家集合在美国的大本营之下，受美国的领导。杰斐逊总统就曾经说过，美洲"应当自己有一个与欧洲体系不同的独立体系。欧洲体系现在正试图成为专制制度的大本营，而我们的努力目标则当然应该是把我们的半球变成自由的大本营"。[1] "对他们来说，我们将是最好的榜样，我们有着相同的起源，他们采用我们的政治原则，模仿我们的政治体制，甚至用着和我们相同的革命话语。"[2]他还强调："从我们人口的特征来看，我们必须在合作中占据领导地位，在和南美洲发展关系时，我们必须像英国人一样占据中心和主导地位，而让南美洲从属于我们。"[3]在美国人看来，拉丁美洲国家的人民根本就没有能力建立所谓的自治政府，他们并不具备美国人的能力。

1824年12月7日，玻利瓦尔向美国发出了巴拿马大会的邀请，然而美国国内对此却异常冷淡。美国从建立之初就严格遵循华盛顿提出的"孤立主义"的外交政策，不愿意卷入欧洲的事务中，贸然地派遣代表参加巴拿马大会，会使美国同拉丁美洲国家一起，成为"神圣同盟"的敌人。

许多人虽然对拉丁美洲革命报以同情，但都认为美国还是应该严格遵守中立的政策，这将是最明智的选择。唯一的例外是当时的国务卿亨利·克莱，他强烈建议派遣代表参加。在他看来，华盛顿提出的孤立主义政策主要面向的是欧洲而并不是同处于一个新世界的拉丁美洲。虽然他也认为美

---

[1] 魏红霞：《美国在拉美软实力的构建及其对中国的启示》，《拉丁美洲研究》2009年10月第31卷，增刊2。

[2] Moore, John Bassett, *Henry Clay and Pan-Americanism*, Louisville, Ky., Westerfield, Bont & Co., 1915, p. 4.

[3] Calvin Colton, ed., *Speeches of Henry Clay*, A. S. Barnes & Co., 1857, p. 242.

国应该坚守中立的位置，但是这同承认拉丁美洲独立和派遣代表参加巴拿马大会并没有什么冲突。同时，美国加强同拉丁美洲国家的合作也将为美国带来巨大的利益。克莱最后成功让国会通过了派遣代表参加巴拿马大会的决议，但是由于种种原因，两位代表最终并未成行。这之后美洲体系逐渐被纳入到门罗主义中，并且以泛美主义为口号在80年代再次被提出。

　　与玻利瓦尔利用美洲体系联合拉丁美洲国家共同抵御外敌不同，美国的美洲体系更多的是为了将美洲大陆与欧洲做一个切割，根本目的仍然是为美国的利益服务。玻利瓦尔的美洲主义则更多的是一种泛拉丁美洲主义，虽然这种主义也有分割新旧世界的论调，但是更加强调的是通过拉丁美洲的联合来抵御欧洲的干涉与入侵，而这种联合中并不包括美国，玻利瓦尔明确提出，美国人是"异邦人"。[①] 虽然双方都是从殖民地获得独立，但是在文化和历史根源上却截然不同。美国作为英国的殖民地，主要受到盎格鲁-撒克逊文化影响，更是带有浓重的清教徒思想。拉丁美洲作为西班牙长期以来的殖民地，更多地受到欧洲旧大陆的影响，有些拉美国家认为，通过美洲国家的联合从而与欧洲国家进行分割并没有太多意义，因为在很多方面，拉丁美洲同欧洲反而更有共同之处。从1845年开始，这种因为与欧洲的不同联系而造成的分裂趋势在南北美大陆之间逐渐出现。[②] 因此，虽然美国与拉丁美洲国家都经历了革命，且对于民主共和制有相互的认同，但是双方对于泛美主义语境下构建的美洲体系的认知却存在着巨大差异。

---

① 韩琦：《独立后的西属美洲缘何未建成统一的联邦国家？》，《历史教学问题》2006年1期。

② Arthur Preston Whitaker, *The Western Hemisphere Idea：Its Rise and Decline*, Cornell University Press 1954, p. 59.

第二章　政治合作下的美洲仲裁体系计划

内战结束后,美国放弃了领土扩张,开始了大规模的商业扩张,在地理位置上最为邻近的拉丁美洲成为美国最先关注的地区。为了有效地与欧洲竞争,詹姆斯·布莱恩提出了与拉美国家加强合作的"老大哥政策"。然而拉美频繁的动乱不仅使得美国扩大贸易的希望变得渺茫,还为欧洲势力的进一步入侵创造了机会。对经济利益的追求,与美国带有种族主义色彩的所谓"文明理想"相结合,导致美国开始主动和频繁地介入拉丁美洲国家之间的争端。但是这些外交活动最终都以失败告终。于是,国务卿布莱恩最终提出了美洲国家共同参与的美洲仲裁体系计划,试图通过美洲国家的联合来向一些不愿意接受美国调解的国家施压,将国家间的领土争端纳入到美洲体系的范围之内,以有效防止欧洲国家的介入,同时,也可达到维持南美力量均势的目的,为美国在拉丁美洲的扩张创造条件。可以说,美洲仲裁计划也是布莱恩对其拉美政策的补救。长远来看,美洲仲裁体系是美国试图利用泛美主义来维持拉美力量平衡的行动,并且在 19 世纪 90 年代以后逐渐发展成为美国干涉拉丁美洲国家间冲突的工具,而武力的运用变得愈加频繁。

但是布莱恩的美洲仲裁计划最终因为加菲尔德的被刺而中断,继任的阿瑟政府也并不赞同此类的政治合作。从 19 世纪 80 年代的"老大哥政策"到 90 年代的格兰特推论和奥尔尼推论,再到 20 世纪初的罗斯福推论,这一系列的政策延续了美国拉美政策的基本逻辑。

第一节　美洲合作的开始:詹姆斯·布莱恩的"老大哥政策"

在 19 世纪大部分时间里,领土扩张依然是美国对外关系的主要内容,作为移民国家,数量不断增长的移民和有限的土地促使美国需要不间断地进行领土扩张,而大量移民的不断到来也让美国人更加确信美国的优越性。①

1845 年 7 月,约翰·奥沙利文(John O'Sullivan)在《联邦杂志和民主评论》发表了一篇题为《兼并》的文章,讨论了得克萨斯的兼并问题:"现在,反对兼并得克萨斯的人们应该罢手,至少在这个问题上,不要再兴起怨愤和争执的风波了……现在应该是爱国主义和对国家的共同责任感代之而起的时候","拓展到上帝为我们逐年增加的几百万人口的自由发展而指定的整个大陆是天定命运。"②天定命运论为美国的领土扩张提供了合理性依据,他们相信这是盎格鲁-撒克逊美国人天赐的使命,让他们在北美洲拓展他们的文明,这种扩张不仅涉及领土扩张,而且涉及自由和个人经济机会的扩展。在天定命运论的指引下,美国的领土扩张在 19 世纪中期达到了高潮。

需要指出的是,天定命运论除宣称民族优越性外,还强调地理关系所产生的政治引力。简单来说,就是与美国地理邻近的地区,都会因为美国先进的政治经济发展和种族优越性而向美国靠近,约翰·昆西·亚当斯的"熟果理论"就是典型代表。

亚当斯曾说:"就地理位置而言,这几乎从我们的海岸就可望到。从许多方面来考虑,古巴对美国的政治与商业利益已成为超越一切的重要目标……从美国国家利益角度出发,古巴具有任何其他外国领土所不能比拟的重要性……在展望未来半个多世纪的历史发展时,人们将无法抗拒这种信念,即古巴合并入美利坚合众国将是联邦得以继续存在和保持完整所不可或缺的……就像物理上存在着引力定律一样,政治上也存在着同样的法则。由于暴风雨的吹打,从树上掉下的果子只能落到地面,同样的道理,古巴一旦脱离它与西班牙人的那种不自然的关系,又无法维持住自己时,它只能而且也是必然地将倒向北美联邦;而且,由于同一法则的作用,北美联邦也无法拒绝古巴的加入。"③这就是亚当斯的"熟果理论",他认为美国天然的优越性会像地球引力一样,迟早会把古巴吸引到美国的势力范围之内。民族优越性和政治引力这两种逻辑基本上贯穿了 19 世纪的美国拉丁美洲政策。

---

① 19 世纪至 20 世纪初,美国出现了三次海外移民高潮。第一次高潮是从 1820 年到 1860 年,海外移民总数约 500 万,在高潮顶峰的 1854 年约 40 万,主要来自西欧和北欧;第二次高潮是从 1860 年到 1890 年,海外移民总数约 1000 万,在高潮顶峰的 1882 年约 80 万,主要来自东欧和南欧。韩毅等:《美国经济史》(17—19 世纪),社会科学文献出版社 2011 年版,第 360 页。

② 杨生茂:《美国外交政策史(1775—1989)》,人民出版社 1991 年版,第 125 页。

③ W. C. Ford, ed., *The Writings of John Quincy Adams*, The Macmillan Company, 1913, pp. 372-373.

内战结束后,美国基本上放弃了领土扩张。这主要是因为 19 世纪中期的领土扩张已经使国内得到了满足,美国的国土面积已经从东海岸扩展到了西海岸,另一方面,内战也打乱了对外扩张的步伐。由于担心很有可能再次引起南北之争,[①]美国不再继续进行扩张。

除此之外,从 19 世纪后半期开始,天定命运论和 19 世纪后半期开始流行的社会达尔文主义结合在一起,种族色彩日益突出,美国人滋生了一种模糊的盎格鲁-撒克逊人是得天独厚的人种,负有评判、改造和领导劣等种族的使命的种族观。这种种族观念最初来自美国对于日益增加的移民的态度,因为欧洲移民所组成的廉价劳动力对本土美国人获取工作机会造成了冲击,在这种冲击之下,美国人认为盎格鲁-撒克逊人拥有优先权。这种种族主义也影响了美国在拉丁美洲国家领土扩张的态度。

19 世纪 70 年代格兰特总统当政时期,积极推进圣多明各兼并计划,却遭到了以美国著名的政治人物卡尔·舒尔茨(Carl Schurz)为代表的反扩张主义者们的坚决反对。在舒尔茨看来,这种兼并行为显然是一种帝国主义行径,因此,他加入了马萨诸塞州议员查尔斯·萨姆纳的阵营,并在国会中对此展开了反对活动。

事实上,舒尔茨的反对理由并不仅仅是因为所谓的帝国主义。在他随后发表的讲话中,舒尔茨提到,如果美国兼并了圣多明各,那么随之而来的将是源源不断的麻烦,因为加勒比地区向来就充满了争端。在他看来,加勒比地区的居民都是落后、愚昧和野蛮的,如果将这一部分人吸纳进美国,对整个美国来说都是不合适的,用他的话来说,这将是一种"污染"。[②] 而且,这些居民对美国的政治体制也会造成很大的威胁。舒尔茨持这样一种理论,热带的气候会滋生懒惰,但是偏偏热带的劳作又需要大量的劳动力,在这种冲突之下,只有奴隶制才能满足这种需求,也就是说,热带的气候是导致奴隶制的根本原因。舒尔茨已经是将奴隶制归结为气候原因了。由此,他得出结论,如果美国兼并了这个热带国家,那么美国的一部分也会开始出现这种情况,并且逐渐蔓延到全国,这是非常危险的,所以他反对兼并圣多明各这样一个热带国家。

不难发现,舒尔茨的理论在这里更多地带有种族歧视色彩。此外,他并不反对扩张,他认为,美国就算要进行领土扩张,也可以向北部扩张。北部

---

① 南北之争在领土扩张的问题上表现为新加入的州应该实行北方的自由制还是南方的奴隶制问题。

② Frederic Bancroft, ed. *Speeches, Correspondence and Political Papers of Carl Schurz*, vol. 2. G. P. Putnam's Sons, 1913. p. 98.

的加拿大与美国更相似,是美国对外扩张领土的最好选择。[①]

工业革命带来的技术进步使得土地不再成为经济发展的必要因素,种族主义使美国放弃了领土扩张,比起去融合种族、宗教和文化都存在巨大差异的拉丁美洲,商业扩张显得更为有利也更为容易,对海外市场的需求开始成为主导美国对外扩张的重要因素。

随着 19 世纪 70 年代经济状况的变化,这种与拉丁美洲发展商业的需求变得更为迫切。内战后,美国经济进入了迅猛发展的时期,即使受到1873 年经济危机的影响,到了 19 世纪 80 年代初,美国的工业生产量依然跃居世界首位。[②] 随着新科技成果的应用和资本的不断积累,工业生产不断扩大,美国国内很快就形成了工业和农业生产过剩的情况,这就意味着美国需要在保护国内市场的同时,不断地寻找海外市场。此时,地理上最为邻近的拉丁美洲就成了最佳的选择。但美国的商业扩张首先就面临着欧洲对拉丁美洲的政治控制和经济渗透两大障碍,而拉丁美洲国家与欧洲之间紧密的经济联系也使得这些国家很难放弃现有的经济关系转而与美国进行更多的经济合作。

从 19 世纪 80 年代美国在拉丁美洲的商业活动来说,虽然美国在墨西哥和古巴保持了相当大的经济优势,但是仍远远不及欧洲国家。据统计,1880 年,美国自拉丁美洲的进口额达到 1.76 亿美元,而出口额却只有 5800万美元,英国是阿根廷、智利和秘鲁最大的贸易伙伴,巴西也从英国进口大量的商品,德国和法国则与阿根廷和巴西维持着重要的经济联系,[③]德国还控制了哥斯达黎加的咖啡贸易。在 1886 年的国会上,负责调查美国与拉丁美洲贸易状况的威廉·柯蒂斯(William Eleroy Curtis)警告道,欧洲的三个商业国家——英国、法国和德国,已经在拉丁美洲的贸易中占据了垄断地位,英国更是扼住了巴西人的喉咙。[④]

除了经济上的垄断地位外,欧洲国家还控制了加勒比地区,除海地和多

---

① Frederic Bancroft, ed., *Speeches, Correspondence and Political Papers of Carl Schurz*, Vol. 2, G. P. Putnam's Sons, 1913, p. 115.

② 洪育沂、徐士澄:《拉美国际关系史纲》,外语教学与研究出版社 1998 年版,第 23 页。

③ John G. Marshall, *U. S. Intervention in Latin America: An Evolving Policy, or a Quest for Supremacy?* Claremont McKenna College, 2016, p. 15.

④ *International American Conference*, *Reports of Committees and Discussions Theron*, Vol. 4, Government Printing Office, 1890, p. 363.

米尼加共和国外,所有的岛屿都控制在西班牙、英国、法国和荷兰手中。①

在国内市场饱和以及欧洲国家的经济控制和政治渗透的情况下,美国显然需要通过新的方式打开局面。从美国与拉美国家的关系来说,虽然美国提出门罗主义时受到了这些国家的欢迎,但美国在1826年对巴拿马会议的冷淡,以及在19世纪中期对中美洲和墨西哥的领土征服,已经使它失去了拉美国家的普遍信任。"如果我们能够重新获得拉丁美洲国家的友谊,如果原本就属于我们的商业帝国能够重新成为我们的,那我们就绝不能将这些拱手让人。"布莱恩这样说道。②

1881年,国务卿詹姆斯·布莱恩提出了他的"老大哥政策",③旨在通过经济与外交合作来达到美国经济和商业扩张的目的。在布莱恩设想的理想状态中,拉丁美洲国家将接受与美国之间的兄弟关系,④这种关系也将成为双方合作的基础。"我们希望能够最大限度地和我们在这片大陆上的朋友和邻居扩大贸易,从没有一片土地如此充满希望,也从没有一片土地像这样未经开发。"布莱恩在1881年说道,他将不会容忍任何欧洲国家与拉丁美洲国家签订那些侵犯了美国在美洲大陆上长期享有优先权的合约。⑤ 这也说明,"老大哥政策"所内含的商业扩张的最终目的是确立美国在美洲大陆的领导地位。反欧与扩张的结合证明了,"老大哥政策"实际上是门罗主义的扩展,也显示出美国在拉丁美洲政策上从防守性立场到主动性立场的转变。

作为国务卿的詹姆斯·布莱恩是一个过渡性的人物,他于19世纪80年代两次出任国务卿,是最出名的泛美主义者。他致力于扩大美国的贸易和影响力,使美国的外交政策更加积极。自他的泛美主义之后,美国外交政策逐渐放弃孤立主义。

---

① Peter H. Smith, *Talons of the Eagle*：*Dynamics of U. S. -Latin American Relations*, Oxford University Press, 2000, pp. 28-30.

② James Gillespie Blaine, *Political Discussions*, *Legislative*, *Diplomatic and Popular*, The Henry Bill Publishing Company, 1887, p. 419.

③ 影响布莱恩很深的好友亨利·戴维斯（Henry Davis）曾说道:"我们希望与墨西哥和南美的共和国兄弟建立友谊,以帮助巩固共和原则,从君主制和贵族制中维护这个大陆上的人民政府,并在和平,繁荣与力量的道路上引领美洲国家间的姐妹关系。这是共和党在拉丁美洲的政策目标。"有理由认为戴维斯影响了布莱恩老大哥政策的出台。Edward P. Crapol, *James G. Blaine*：*Architect of Empire*, Wilmington, Del：Scholarly Resources, 2000. p. 22.

④ Thomas Andrew Bailey, *A Diplomatic History of the American People*, Appleton-Century-Crofts, 1969, p. 435.

⑤ Sidney Lens, Howard Zinn, *The Forging of the American Empire*：*From the Revolution to Vietnam*, *a History of U. S. Imperialism*, Pluto Press, 2003, p. 161.

美国对在美洲大陆追求领导地位的意图从来是不加掩饰的。早在 19世纪早期，美国国务卿亨利·克莱就曾说："对于他们来说，我们将是最好的榜样，我们有着相同的起源，他们采用我们的政治原则，模仿我们的政治体制，甚至用着和我们相同的革命话语。"同时，他又强调："从我们人口的特征来看，我们必须在合作中占据领导地位，在和南美洲发展关系时，我们必须像英国人一样占据中心和主导地位，而让南美洲从属于我们。"①

但是布莱恩很快意识到，即使排除欧洲国家的因素，改善与美洲国家的关系，拉丁美洲混乱的政治状况和频繁的动荡也严重影响了美国的商业扩张，而这也进一步为欧洲势力的更多介入创造了机会。

因此，为了促进与拉丁美洲国家之间的商贸关系，拓展美国商业，布莱恩的外交行动首先着眼于调解拉丁美洲国家的冲突与争端。这表明美国开始放弃保守的立场，在拉丁美洲问题上采取积极主动的政策。在 1882 年发表的关于加菲尔德政府时期的外交政策的文章中，詹姆斯·布莱恩非常明确地提出了加菲尔德政府的两大外交政策目标：和平与繁荣，而和平是繁荣发展的前提。② 随着美国调解拉美国家领土冲突行动的展开，布莱恩所倡导的合作关系也逐渐从经济领域扩展到其他领域。

第二节　反对欧洲干涉与南美大陆平衡政策下的美国外交困局

从 19 世纪后半期开始，美国人的种族优越感就使他们认为，只有掌握了文明的盎格鲁-撒克逊人的干预才能使拉丁美洲人摆脱人类堕落的深渊，美国人自以为的新使命促使美国在拉丁美洲采取更加积极的战略和政策，以让这里的人民获得"文明"。这种改变拉丁美洲不民主和落后的动机在80 年代美国海外扩张的需求下又重新开始流行。③

美国国务卿詹姆斯·布莱恩认为，拉丁美洲需要外部的力量来使他们获得和平，在智利与秘鲁之间重建和平，是美国在责任上和利益上应尽的义

---

① Calvin Colton, ed. , *Speeches of Henry Clay*, A. S. Barnes & Co. ,1857, p. 242.

② James Gillespie Blaine, *Political Discussions*, *Legislative*, *Diplomatic and Popular*, The Henry Bill Publishing Company, 1887, p. 413.

③ Thomas M. Leonard, ed. , *United States-Latin American Relations*, *1850—1903*, *Establishing a Relationship*, the University of Alabama Press, 1999, p. 13.

务。① 美国甚至在墨西哥与危地马拉的争端中提出美国是中美洲天然的保护者这样的论调。②

在美国人自以为高尚的目标下隐藏的是美国在拉丁美洲对经济利益和领导地位的追求，而美国所谓的唯一性，其根本目的是排除欧洲国家的势力，建立美国的领导地位。

另一方面，一些拉丁美洲国家通过战争等手段在这些争端中获取了巨大的利益，开始借助争端的契机迅速发展势力，南美大陆的平衡状态逐渐被打破，这种状况显然对美国在这一地区的战略目标造成了冲击。在多重考量之下，美国对拉丁美洲国家之间的争端进行了积极的介入，以期排除欧洲国家的干涉，保持南美大陆的势力均衡状态，达到最终维护美国利益的目的。然而，美国在拉美国家的外交调解活动中面临了诸多困境。

从 1879 年开始，哥伦比亚和哥斯达黎加就因巴拿马地区的边界问题产生了纷争，③双方很快于 1880 年签订了仲裁条约，一致同意以仲裁方式解决彼此的分歧，并且选择了欧洲国家首脑作为仲裁者。

哥斯达黎加和哥伦比亚向欧洲请求仲裁的行动遭到了美国的强烈反对。一方面，反对欧洲势力干涉美洲事务是美国的一贯立场；另一方面，两国之间的边界争端涉及中美洲地峡运河的问题。于是，美国以 1846 年条约④为借口，反对哥伦比亚和哥斯达黎加将此次争端提交欧洲国家进行仲裁，这样的行为遭到了两国的强烈反感。

从巴拿马运河工程伊始，美国就频频对哥伦比亚和巴拿马运河公司之间的合同问题指手画脚，以 1846 年的美哥条约为依据，指责哥伦比亚在没有美国这一利益相关方的同意下就将运河合同给予一家法国公司。出于对美国的不满，哥伦比亚开始寻求废除 1846 年条约，甚至有传言称哥伦比亚

---

① James G. Blaine, *Political Discussions: Legislative, Diplomatic, and Popular, 1856 — 1886*, H. Bill Pub. Co., pp. 413-414.

② 这种言论最初来自危地马拉驻美国公使乌必哥，在与墨西哥的争端中，乌必哥向美国求助，并称美国为中美洲天然的保护者。更加具体的内容可参见 Ubico to Blaine. "48th Congress, 1st session.," *Ex. Doc. No. 154: The Boundary between Mexico and Guatemala*, p. 20.

③ 关于两国之间边界争端的更加具体的内容可以参见 Leon F. Sensabaugh, "The Attitude of the United States Toward the Colombia-Costa Rica Arbitral Proceedings," *The Hispanic American Historical Reviews*, Vol. 19, No. 1(Feb., 1939), Duke University Press, pp. 16-30.

④ 1846 年条约即美国于 1846 年同哥伦比亚签订的互惠贸易条约，美国通过条约获得了修筑通过巴拿马地峡的铁路租让权，保证地峡中立等权利。

将向欧洲请求帮助,哥伦比亚国内的反美情绪逐渐高涨。① 比起哥伦比亚,哥斯达黎加在经济和文化上与欧洲联系更为密切。② 在这样的国家关系下,哥伦比亚与哥斯达黎加都不愿意向美国请求帮助,不论是调解还是仲裁。

1881 年 1 月,美国驻中美洲公使洛根(C. A. Logan)向国务卿埃瓦茨(William Evarts)报告称,哥伦比亚和哥斯达黎加已经于前一年年底签订了条约,一致同意通过仲裁来解决边界争端,条约中提出比利时国王将会被请求作为仲裁者,如果比利时国王拒绝,那么将会邀请西班牙国王,如果西班牙国王拒绝,就邀请阿根廷总统担任仲裁者。报告的最后,洛根还提出:"从两国对于仲裁者的选择可以发现,哥伦比亚对于美国的观感并不好。"③

当条约还在哥伦比亚国会等待通过时,刚成为国务卿的布莱恩就开始行动。他提出,虽然美国政府并不期望成为两国之间分歧的仲裁者,但是哥伦比亚在没有和美国沟通的情况下就将边界争端问题提交他国仲裁,这对美国来说是难以理解和接受的。他还提出,根据 1846 年条约,美国有义务维护巴拿马地区的领土完整,美国政府认为凡是涉及巴拿马地区边界的问题都应该向美国咨询之后再决定仲裁者的人选。④ 同一天,布莱恩还指示洛根向哥斯达黎加政府表示,"虽然美国认可通过仲裁来解决争端,但是1846 年条约给予了美国参与选择仲裁者的权利",他还提出,美国不会受制于两国所选择的仲裁者所做出的仲裁决定。⑤

哥斯达黎加对美国的干涉感到非常反感和厌恶,一向与美国关系疏远的哥斯达黎加政府很快做出了回复。哥斯达黎加外长卡斯特罗(José María Castro Madriz)提醒洛根注意,哥斯达黎加并不是 1846 年条约的成员,对这个条约也从没有表示过赞同,因此他拒绝与洛根讨论哥斯达黎加与哥伦比

---

① 具体可参见本书第四章,在哥伦比亚与法国公司签订运河合同之后,美国反复提出在 1846 年条约的框架下,哥伦比亚在运河问题上的任何决策都应该向美国咨询。此举引起了哥伦比亚国内非常大的反美情绪。

② 哥斯达黎加与欧洲联系更多的证明,包括欧洲咖啡委员会比美国更受欢迎,欧洲愿意提供低息长期信贷……大批的德国和英国商人居住在哥斯达黎加,而美国却没有这样大批的商人。*Reports of the Commission Appointed Under an Act of Congress Approved July 7, 1884, to Ascertain and Report upon the Best Modes of Securing More Intimate International and Commercial Relations Between the United States and the Several Countries of Central and South America*, U. S. Government Printing Office, 1886, pp. 131-132.

③ Logan to Evarts, *Foreign Relations of the United States*, 1881, p. 99, p. 359.

④ Blaine to Dichman, *FRUS*, 1881, p. 356.

⑤ Blaine to Logan, *FRUS*, 1881, p. 106.

亚之间的仲裁条约。哥斯达黎加著名报纸《信使报》(*El Mensajoro*)于当年8月4日的报道中称,美国的行为是对哥斯达黎加的羞辱,哥斯达黎加根本就没有加入1846年条约,但是美国却要将这个条约的条款应用到哥斯达黎加与哥伦比亚的边界问题中,而且美国在地峡运河上的利益已经决定了美国并没有资格成为此次争端的仲裁者。[①] 哥斯达黎加显然明白美国在此次争端中的真正目的,美国不仅希望能在争端中排除欧洲的介入,更重要的是,美国希望能够在争端中担任仲裁者的角色。

除对哥伦比亚和哥斯达黎加外交施压外,布莱恩还向受邀请的欧洲仲裁者们施压,试图阻止他们接受拉丁美洲国家进行仲裁的邀请。从5月底开始,美国政府陆续向几个被邀请作为仲裁者的国家发出声明,表示美国不能接受这些国家的首脑作为仲裁者,因为双方的仲裁条约并没有向利益相关方——美国进行询问,不论是比利时国王还是西班牙国王,如果接受仲裁的邀请,都将是对美洲事务的干涉,美国决不能接受。[②] 在美国的压力之下,比利时国王和西班牙国王都拒绝了邀请。[③]但是哥伦比亚和哥斯达黎加仍然不愿意接受美国的介入,两国直到1886年才在法国总统的仲裁下解决了争端。

在这次领土争端中,虽然争端的双方试图通过第三方来进行仲裁,但是美国并没有成为双方的选择。与美国反对欧洲干涉介入美洲事务的意愿背道而驰的,是拉美国家更加倾向向欧洲请求帮助。[④] 这也让美国意识到,拉丁美洲国家与欧洲之间有着更多的联系。

而在智利与阿根廷的领土争端中,虽然美国抓住时机获得了仲裁者的位置,但是两国争端最终解决的更重要原因是因为智利当时正面临两面作战的形势。彼时,智利一方面面临与秘鲁和玻利维亚联盟开战的危机,一方面又面临与阿根廷的冲突。阿根廷利用智利两面受敌的机会,向秘鲁和玻利维亚提出了联合对智利作战的提议。阿根廷方面认为,智利很有可能通过战争掌握更为巨大的硝石资源,从而为该国在边界线上的进一步扩展提供稳定的经济后盾,与玻利维亚和秘鲁共同作战将有效地防止这种趋势,并

---

① Titus to Blaine,*FRUS*,1881,pp. 112-113.

② Blaine to Putnam, *FRUS*,1881,p. 70; Blaine to Fairchild,*FRUS*,1881,p. 1057.

③ Putnam to Blaine,*FRUS*,1881,p. 75; Fair to Blaine,*FRUS*,1881,p. 1067.

④ 需要特别指出的是,即使是美国提出多次反对的情况下,西班牙国王仍然希望能够对此次干涉进行调解。*Series United States Diplomatic Records for Spain*,*1801—1935*,"Records of the Foreign Service Posts of the Department of State,1788—ca. 1991,"File Unit Foreign Service Post,Madrid,Vol. 34.

且为阿根廷在巴塔哥尼亚(Patagonia)问题上争取筹码。①

1880年,当南美太平洋战争进行得如火如荼时,阿根廷又向巴西提出了共同调解南美三国冲突的建议,试图阻止智利对拉帕卡(Tarapaca)地区的占领,阿根廷并不愿意智利通过战争获得巨大的财富,进而对阿根廷的边界造成更大的压力。阿根廷声称智利政府所进行的战争已经违背了阿根廷和巴西政府所认可的普遍准则,提出智利应该以现金赔款的方式来解决此次冲突而非领土的侵占。但是这个建议在智利占领了利马之后变得不再实际。

另外,秘鲁也开始主动邀请阿根廷加入战局,在这样的情况下,智利不得不在与阿根廷的争端中做出让步。以智利正在进行战争为机会,阿根廷成功和智利签订了1881年边界协议。② 在此次争端中,双方都同意接受美国的调解和斡旋来快速解决争端,然而,事实上美国的介入并没有多大的影响,智利已经决定,或者说不得不做出让步,美国不过是顺势而为。

在南美三国战争中,美国的行动更加清晰地显示出美国在这一地区的外交困境。

1879—1883年爆发的南美太平洋战争是拉美国家独立战争后规模最大的战争之一,对南美洲的政治格局产生了很大的影响。南美太平洋战争最初由智利和玻利维亚之间的领土纠纷引发,其争议领土位于南纬23°至27°的阿塔卡玛沙漠(Atacama Desert),其中沙漠北部的部分领土属于玻利维亚安托法加斯塔省(Antofagasta)。阿塔卡玛沙漠处于殖民地时期的秘鲁总督区与智利都督区之间,在殖民地时期并没有划分出明确的边界,虽然面积广大但是气候恶劣,所以长期荒无人烟,因此虽然属于存在争议的领土,但是并没有发生什么实质性的冲突。独立战争后,这里就成为智利与玻利维亚的边界地区,然其归属也一直没有明确。

19世纪40年代,南美洲太平洋沿岸的秘鲁南部地区和玻利维亚的安托法加斯塔省发现了大量鸟粪,由于此时鸟粪是出口欧洲的重要资源,三国之间逐渐开始对资源进行争夺。到了60年代,鸟粪资源消耗殆尽,而在阿塔卡玛沙漠和秘鲁的塔拉帕卡地区又发现了丰富的硝石资源,硝石开始代替鸟粪成为新的出口欧洲的商品。随着出口的增长,硝石产业逐渐成为智利、秘鲁和玻利维亚的重要产业,三国之间的竞争也开始变得日趋激烈。

---

① David Healy, *James G Blaine and Latin America*, University of Missouri Press, 2001, p. 64.

② Richard O. Perry. "Argentina and Chile: The Struggle for Patagonia 1843 — 1881," *The Americas*, Vol. 36, No. 3(Jan., 1980), pp. 347-363.

1866 年,智利和玻利维亚通过协商暂时解决了两国的争议问题。在协商的过程中,智利提出玻利维亚将整个安托法加斯塔割让给智利,作为交换,智利将会帮助玻利维亚夺取秘鲁南部的硝石产区。玻利维亚表示拒绝,同时与秘鲁之间进行协商,希望能够联合秘鲁共同遏制智利对硝石资源的抢夺。出于对智利的共同忧虑,双方于 1873 年结成了秘密防守联盟。在秘鲁的支持下,玻利维亚再一次与智利谈判,1874 年,双方签订《苏克雷条约》,玻利维亚成功地将其南部边界保持在了南纬 24°。①

但是玻利维亚对智利势力及其对硝石资源的占领仍然感到忧虑。由于玻利维亚并没有大量开发硝石的能力,因此智利的势力在此地迅速发展。智利在安托法加斯塔的硝石与铁路公司不仅是这一地区最重要的企业,其人口还占据了压倒性的优势,智利开始密谋将安托法加斯塔并入智利。②在 70 年代经济形势进一步恶化的情况下,为了争夺资源,缓解国内压力,1878 年,玻利维亚率先采取了行动。

1878 年 12 月,玻利维亚总统为了缓解债务危机,公然违背 1874 年的《苏克雷条约》,单方面提高了硝石的出口税,并以此为由要求安托法加斯塔硝石与铁路公司补交增加的税款,还以没收财产相威胁。智利方面认为这违反了双方于 1874 年签订的协议而拒绝接受。③ 于是玻利维亚总统下令控制了这家公司,宣布将其进行公开拍卖。1879 年 2 月 14 日,智利采用了强硬手段进行回击,不仅占领了沿海重镇安托法加斯塔,还控制了两国边界的所有争议领土。

面对智利的进攻,玻利维亚援引 1873 年与秘鲁签订的秘密条约请求秘鲁的帮助,但是秘鲁并没有做好战争的准备,而是希望能够和平解决此次争端。于是秘鲁政府采取了两方面的行动:一方面,派遣了外交特使何塞·安东尼奥·拉瓦列(Jose Antonio Lavalle)前往圣地亚哥进行调停,另一方面在玻利维亚进行调解工作,希望能够阻止玻利维亚对智利宣战。但是这两方面的行动都以失败告终。智利对秘鲁的调停并没有多少信任,他们更加

---

① Herber Millionton, *American Diplomacy and the War of Pacific*, Columbia University, 1948, pp. 22-25.

② Don Gonzalo Bulnes, *Chile and Peru, the Causes of the War of 1879*, Imprenta Universitaria, 1920, pp. 42-44.

③ Hugo Castro Valdebenito, Alessandro Monterverde Sanchez, "Conference of Arica and American Diplomacy During the Nitrate War 1879 — 1881," *Journal of Historical Archaeology & Anthropological Sciences*, Vol. 3(January 11, 2018), p. 26.

相信这是秘鲁为了拖延时间准备战争而采取的行动。[①] 而在智利没有退回本国之前，想要玻利维亚放弃对智利开战也已然是不可能的事了。于是，最终在 1879 年 4 月 5 日，智利正式向秘鲁和玻利维亚宣战，南美太平洋战争（或称硝石战争）正式爆发。[②]

　　战争不可避免地影响到外国利益。港口的封锁导致正常的商业活动无法进行；对城市和小镇的炮击使许多外国商人的财产遭受了损失；海军的海上劫掠给商业活动带来了巨大损失；[③] 而三国争夺的最重要的出口商品硝石也一度停止了对外出口。其中，英国的利益受到了最严重的影响。在南美洲运输业中占主导地位的英国，其运输业在战争一开始就受到了重大影响。除此之外，英国资本大量地投资在三国的硝石产业中，由硝石停产所带来的损失也沉重地打击了英国商人。

　　其他欧洲国家也或多或少地受到了战争的影响。为了发展国内的铁路建设，秘鲁向包括法国、英国、意大利、比利时和荷兰在内的几个欧洲国家借取了大笔的外债，而硝石出口则是秘鲁偿还外债的重要保证，对秘鲁来说，失去硝石出口这样的重要收入来源不仅将对国家的财政收入产生重大的影响，更会影响秘鲁的外债偿还。而且，一旦智利胜利，必将占领秘鲁南部的丰富的硝石产地塔拉帕卡，对秘鲁将来的发展也会造成巨大的影响。至于玻利维亚，硝石产业从 19 世纪 60 年代开始已经成为其重要的财政收入来源，因此智利对硝石产区的占领将给玻利维亚带来巨大的损失。[④]

　　出于对自身利益受损的担忧，欧洲国家纷纷开始行动。作为在这一地区有着巨大利益的国家，英国首先提出了和平协商的建议，在战争开始不久后就应智利的请求提出调解，但是秘鲁拒绝了这个建议。究其原因，不过是此时战争刚刚开始，秘鲁并不愿意轻易屈服，甚至是玻利维亚也在外交文件中明确表示了对智利作战的强硬态度。[⑤] 于是英国向其他欧洲国家请求支持，希望能够共同向秘鲁和玻利维亚施压，但这项提议首先遭到了德国的拒

---

　　① 　Ronald Bruce St. John, *The Foreign Policy of Peru*, L. Rienner Publishers, 1992, p. 117.

　　② 　任克佳：《美国对南美太平洋战争策略研究》，南开大学 2013 年博士学位论文，第 18 页、第 20 页。

　　③ 　美国在这一时期对玻利维亚，智利和秘鲁发表了多次声明，表明美国商船受中立法的保护应该免受交战国的掠夺。比如 47th Congress, 1st session, *Senate Doc. No. 79*, p. 1.

　　④ 　V. G. Kiernan, "Foreign Interest in the War of the Pacific," *The Hispanic American Historical Reviews*, Vol. 35, No. 1(Feb. 1955), pp. 14-36. 虽然三国都经营硝石产业，但是智利却远远领先于其他两国，在三国争议地区的硝石企业中，大部分都由智利人经营，尤其是在智利与玻利维亚的争议地区。玻利维亚没有开发硝石资源必备的资本和技术，而智利由于受到英国扶持，迅速在争议地区占据了主要地位，这也是布莱恩怀疑英国支持了南美三国战争的原因之一。

　　⑤ 　47th Congress, 1st Session, *Senate Doc. No. 79*, p. 55.

绝。德国首相俾斯麦拒绝了英国的建议，提出除非美国同意参与共同的调解，否则德国不愿意介入其中。

事实上，比起与欧洲国家合作进行调解和干涉，美国更加担心的是欧洲国家再一次利用南美洲国家的争端进行势力的渗透。

除欧洲国家外，一些拉丁美洲国家也开始积极行动。智利联合了与秘鲁有领土争议的厄瓜多尔，还指责哥伦比亚违反了中立法，因为秘鲁通过巴拿马地峡地区运送武器。智利的行动将这些国家也拉入了战局。① 厄瓜多尔和哥伦比亚开始进行活动。

1879 年 7 月，厄瓜多尔派遣特使前往交战国进行调停，由于厄瓜多尔与秘鲁之间存在着长久的领土争端，在国家关系上，也与智利更为亲近，很长时期内都与智利维持着战略伙伴关系，这样的调停者显然无法获得秘鲁的信任，调解很快就以失败告终。在厄瓜多尔的失败之后，哥伦比亚也提出了调停的建议，让人难堪的是，哥伦比亚特使在正式向智利提出调停前，就已经被智利拒绝，②至于巴西，在战争一开始就提出了调解，但是也被玻利维亚拒绝。③

美国对这两个拉丁美洲国家提出的调停并没有什么不满，甚至表示出了欢迎的态度。当得知哥伦比亚政府派出特使进行调停任务时，国务卿埃瓦茨向美国驻秘鲁、智利和玻利维亚三国的公使发去指示，表示美国虽然没有直接参与此次调停，但是美国需要密切关注哥伦比亚特使的行动，公使们应该向哥伦比亚特使表明美国对哥伦比亚政府调停行动的关注。

这样的表态完整体现了美国对拉丁美洲国家调停活动的复杂心态。一方面，由于美国遵循门罗主义所提出的"美洲是美洲人的美洲"，并不能对于同是美洲国家的哥伦比亚提出类似反对欧洲国家调解行动的抗议。另一方面，美国更加担心如果这些调停成功，美国将会失去一个在南美洲提升影响力的机会。这种矛盾的情绪导致美国对这些调停活动总是产生摇摆的态度，在持保留立场的同时，又隐隐施压。

美国驻智利公使托马斯·奥斯本(Thomas A. Osborn)曾多次在与哥伦比亚特使的接触中表达美国政府的立场，他一方面表示"美国对所有美洲共和国的福利十分关切，对目前的争端感到遗憾，我们将为冲突的停止感到高兴，希望这些争端能够早日结束"，另一方面又对美国进行调解和斡旋的立

---

① Ronald Bruce St. John, *The Foreign Policy of Peru*, L. Rienner Publishers, 1992, p. 116.

② 47ᵗʰ Congress, 1ˢᵗ Session, *Senate Doc. No. 79*, p. 97.

③ 47ᵗʰ Congress, 1ˢᵗ Session, *Senate Doc. No. 79*, p. 3.

场持保守的态度,"在交战双方没有提出希望美国来进行调停,以及美国政府对于进行和平调解有完全的信心之前,任何方式的调停都是不合适的"。①

虽然美国在战争初期保持了谨慎的中立态度,但实际上仍然警惕着欧洲国家的行动,对其他拉丁美洲国家的调停行为也表现出冷眼旁观的态度。显然,美国并不希望欧洲国家或者任何其他的拉丁美洲国家通过此次战争来扩大影响。虽然英国提出的调停建议被拒绝,但是欧洲干涉的风险仍然在不断增加,不断有传言称欧洲可能会进行联合调停,美国驻秘鲁公使克里斯蒂安斯向国务院报告了这种情况,提出美国要尽量避免与欧洲联合向秘鲁施压,以免引起秘鲁方面的憎恨与反感。②

在商业利益持续受到影响的情况下,英国首相威廉·格兰斯顿(William E. Gladstone)再次提出由欧洲国家和美国共同执行和平的新计划,提出秘鲁和玻利维亚赔付给智利一笔由仲裁者们议定的赔款以换取和平。局面的逐渐恶化促使国务卿做出政策上的调整。3月9日,在给美国驻三国公使的密信中,埃瓦茨认为英法等欧洲国家由于利益受损,正在计划向秘鲁施压从而加速战争的终结,而计划的失败,将会为他们提供干涉的借口。在这样的情况下,埃瓦茨指出,若是这三个国家向欧洲请求调解,就一定要劝说他们转向美国请求仲裁。③

美国为了阻止欧洲获得调解的主导权,放弃了战争初期的谨慎态度,决定采取更进一步的干涉,这意味着美国对战争开始以来的政策做出了重大的调整。两个月之后,在奥斯本的建议下,美国促成了交战国于9月派遣代表举行的第一次会谈,即阿里卡(Arica)会议。但是此次调解会议最终因为三国之间的巨大分歧而失败。④

阿里卡会议的失败是早有预兆的,秘鲁与智利两国对和平的条件显然存在着巨大的分歧,然而美国为了争夺此次调解中的主导权,有意无意地忽

---

① 47th Congress,1st Session,*Senate Doc. No. 79*,pp. 98-99.

② 47th Congress,1st Session,*Senate Doc. No. 79*,p. 290.

③ 47th Congress,1st Session,*Senate Doc. No. 79*,pp. 106-107.

④ 智利代表以备忘录的形式提出了智利的要求,主要内容包括:(一)秘鲁和玻利维亚割让卡玛罗内斯河谷以南,安第斯山在秘玻分界线以西的地区直至查卡里亚谷地,以及阿根廷边界通过阿斯科坦湖中心一线以西地区;(二)秘鲁和玻利维亚要向智利总共赔偿2000万美元,其中400万为现金;(三)归还智利公民在秘鲁和玻利维亚被没收的所有财产;(四)归还被秘鲁俘获的里马克号运输船;(五)秘鲁和玻利维亚应废除1873年秘密条约,同时放弃任何两国结盟的努力;(六)在上述条款未被履行前,智利军队将继续占有莫克瓜、塔克纳和阿里卡;(七)阿里卡港在归还秘鲁后须成为纯商业港口,永远不得设防。详见 47th Congress,1st Session,*Senate Doc. No. 79*,pp. 406-418.

视了这一关键问题。美国驻秘鲁公使艾萨克·克里斯蒂安斯(Issac Christiancy)向秘鲁方面施压接受和谈，但是却没有明确传达智利的和平条件，而智利认为秘鲁和玻利维亚是已经接受和谈条件才出席会议，这些分歧最终在阿里卡会议爆发，使得美国的调解活动以失败告终。

随着战争形势的发展，智利已经取得了军事上的决定性胜利。智利军队占领了太平洋沿岸重要的硝石产区，包括安托法加斯塔、塔拉帕卡、坦卡纳以及阿里卡。同时，智利还摧毁了秘鲁的海军，1881年1月，智利军队夺取了秘鲁首都利马，基本已经奠定了这场战争的结局。玻利维亚总统被迫辞职，并且逃亡法国，而秘鲁国内也经历了政权更迭，原领导人彼罗拉坚持不对智利妥协，并且在智利占领利马后外逃，成立了以尼古拉斯·德·彼罗拉(Nicolas de Pierola)为首的新的临时政府。而利马成立了以佩德罗·何塞·卡尔德隆(Pedro Jose Calderon)为首的新的临时政府。秘鲁出现了两个临时政府，形势变得更为混乱。

1881年，詹姆斯·布莱恩成为新任国务卿。美国驻秘鲁公使克里斯蒂安斯向国务卿报告了三国当前的情况以供国务卿做出新的政策调整。报告中称，智利正打算在秘鲁建立由他们控制而非欧洲国家控制的新政府，大部分秘鲁人都更加支持美国，厌恶英国，甚至有一些秘鲁人向他表示希望美国能够兼并秘鲁。在克里斯蒂安斯看来，秘鲁倾向美国，唯一能够依靠的也只有美国，只有加大干涉的力度，美国才能扩大在拉丁美洲的影响力，同时达到和平的目的。[1] 他还提出，智利当局有意让秘鲁维持两个政府的状态，这种相当于无政府的状态将有利于智利对秘鲁的长期占领，这样就相当于"英国在海岸边建立了一个超越美国影响的优势"。由此他提出，美国"只能采取积极干预的政策，通过合理的条款，强制解决和平问题，或者成为秘鲁的保护国，对秘鲁采取庇护的手段，或者直接兼并它"，只有以上方式才能使美国"最有效地控制秘鲁商业"，否则"所谓的'门罗主义'会继续被所有的美洲国家看作是一个神话"。[2]

布莱恩对美洲大陆体系的抱负注定了他不会向埃瓦茨那样保守。作为长久以来的反英主义者，克里斯蒂安斯的警告显然让他对欧洲特别是英国在此次战争中的行动有了更多的警惕。同时，面对智利已经占领了利马的情况，布莱恩也急需调整政策。如果放任智利通过战争获得秘鲁的领土，即使不考虑支持智利的英国所获得的巨大利益——虽然布莱恩自己是这样认

---

① 47th Congress, 1st Session, *Senate Doc. No.* 79, pp. 468-469.

② 47th Congress, 1st Session, *Senate Doc. No.* 79, pp. 485-490.

为的，①智利也将获得巨大的利益和声望，从而打破整个南美大陆的力量平衡，这不仅会让一直寄希望于美国的秘鲁对美国心生怨恨，还会最终影响到美国在整片大陆上扩大影响力、主导美洲大陆事务的目标。因此，不论是从反对欧洲干涉的角度，还是从稳定美洲大陆的平衡局面的角度出发，以割让秘鲁和玻利维亚的领土作为和平的条件都不能被布莱恩所接受。

于是，布莱恩在两方面对美国的南美太平洋政策做出调整：一方面，扶持秘鲁的同时向智利施压，尽可能地以赔款的形式来获取和平，避免领土割让；另一方面，以美洲事务的基调为此次战争定性，将南美三国战争问题纳入到美洲体系的框架中来，从而为美国介入并且主导此次和平调解，阻止欧洲国家的干涉提供正当的理由。

首先布莱恩承认了卡尔德隆临时政府——在此之前这个政府没有得到任何国家的承认。布莱恩认为，与新的政治力量交好将帮助美国从之前的外交失败中摆脱出来。除此之外，布莱恩还着手对公使们进行更换。很快，新的智利公使休·胡德森·基尔帕特里克（Hugh Judson Kilpatrick），以及新的秘鲁公使斯蒂芬·奥古斯塔斯·赫尔伯特（Stephen Augutus Hurlburt）前往圣地亚哥和利马上任，随着两位新公使的任命，美国对南美太平洋战争的外交政策和调解活动进入了一个新的阶段。

布莱恩分别对两位公使做出了不同指示。在给智利公使的指示中，布莱恩指出，他并不指望智利政府能够接受美国友好调解的建议，只是希望基尔帕特里克能够劝说智利支持卡尔德隆的“临时政府”。“如果你能够利用你作为美国代表的影响力来促使智利政府支持秘鲁政府的重建，并推迟所有关于需要以领土兼并来取得和平的解决方案，而以公正、友好的方式重新恢复外交谈判，政府将感到非常高兴。”布莱恩还提醒基尔帕特里克警惕欧洲国家的干涉：“美国政府希望在这一冲突中成为双方的朋友，但如果任何欧洲政治的干涉试图使这个问题变得复杂的话，那么美国政府将被迫考虑……采取更为主动的干预行动。”②

在给秘鲁公使的指示中，布莱恩主要强调了两点问题，一是同智利接触，希望他们能够做出让步，“（智利的）政策越自由，越能确保问题获得更为长效和满意的解决”。另一点则是美国对智利要求割让秘鲁领土问题的立

---

① 国会曾对布莱恩在南美太平洋战争中的行动进行过调查，布莱恩在听证会上声称这场战争是一场由英国支持的战争，而智利不过是工具，如果不是英国的支持，智利绝不会发起战争。具体可见 47th Congress, 1st session, *House Report*, No. 1790, p. 217.

② 47th Congress, 1st Session, *Senate Doc. No. 79*, pp. 157-159.

场。布莱恩说道："需要让智利明白，领土割让不是进行和谈的前提，而是在和谈中可以谈的问题……要求秘鲁在任何情况下都必须接受割让土地的和谈结果对秘鲁而言是不公平的。"①

综合来说，布莱恩在南美太平洋战争调解中所持的基本立场是：美国承认智利有权利获得赔偿，但是不希望以秘鲁的领土割让为代价，同时，美国将此次战争视为美洲国家内部事务，在门罗主义的原则下，美国将不能接受任何欧洲国家的干涉，以上两点基本上贯穿了美国在整个南美三国战争中的调解政策。相比埃瓦茨，布莱恩的外交政策更为主动和积极。

事实证明，布莱恩的新政策并没带来什么好的结果，派遣的新公使反而使得情况越来越糟。由于缺乏外交经验，对战争情况也缺乏详细的了解，两位美国公使纷纷偏向自己所驻守的国家，为该国利益彼此相争。

在与智利占领军总司令帕特里西奥·林奇(Patricio Lynch)的会面中，赫尔伯特说道，"美国承认胜利者在文明的战争法则下所享有的权利，但是它不认同以兼并土地为目的的战争。即使是在最极端的情况下，它也不会认同使用暴力去瓜分一个国家……美国承认智利有要求赔偿的权利，但是这种赔偿应该在双方同意的条件下或通过仲裁进行支付。此外，秘鲁也应该获得自由讨论和平条款的机会，在没有办法证明它没有能力或不愿意用其他方式做出赔偿之前，仅在智利的审判下就将领土割让作为和平的必要条件，是与文明国家承认的普遍原则相悖的。美国不会赞同智利的这种行为……我们认为，智利占领和兼并秘鲁领土的行为，不管是通过武力还是将它作为结束敌对状态的强制性条件，都是与智利过去所宣称的原则相违背的，这将被其他国家视为智利走上侵略扩张道路的证据。"②

虽然赫尔伯特的表态与国务卿传达的指示保持了一致，但是过于强硬的外交辞令反而引起了诸多事端，也让基尔帕特里克在智利方面所取得的成果毁于一旦。因为就在不久前，智利已经表明不会强行索取秘鲁领土。"智利不会同意将它在战争中获得的权利提交给任何欧洲国家进行仲裁。"赫尔伯特的表态引起了智利的强烈不满，智利对美国介入三国纷争的不满也日益增加。

1881年11月，智利逮捕了秘鲁临时政府领导人卡尔德隆。卡尔德隆的被捕被赫尔伯特认为是智利对美国的挑衅。他向布莱恩建议美国对此进行强硬的干涉，而秘鲁临时政府驻美国代表也向美国政府请求进行干预，

---

① 47th Congress, 1st Session, *Senate Doc. No.* 79, pp. 500-501.

② 47th Congress, 1st Session, *Senate Doc. No.* 79, pp. 516-517.

"当前局势除了美国政府的干涉,已经没有其他方式能够使秘鲁重新建立政府,实现和平了"。①

　　事情发展到了现在,布莱恩明白,基尔帕特里克和赫尔伯特已经无法继续在这场战争中继续执行任务。于是他派出了新的外交特使前往交战国推进和谈事宜,最终,威廉·亨利·特雷斯科特(William Henry Trescot)作为美国特使前往南美洲,这也标志着美国的干涉进入到了最后的阶段。特雷斯科特具有丰富的外交经验,他不仅在美国驻英国使馆担任过秘书,还于1860 年担任过助理国务卿,并且在海斯政府时期多次被外派,对南美太平洋战争的问题也不陌生。比起之前派遣的公使,他无疑具有非常出色的外交能力和丰富的外交经验。

　　布莱恩对特雷斯科特做出了详细的指示:他需要确认智利对卡尔德隆的逮捕是否真如赫尔伯特所说的那样是为了羞辱美国,如果真是这样的话,他指示特雷斯科特:"你需要告知智利政府这样的行为是国际性的无理冒犯……这种不友好的行为最终将会导致双方外交关系的终止。如果智利将这样的行为归咎于赫尔伯特的不恰当行为,特雷斯科特将接受任何的否认赫尔伯特的陈述。"

　　至于和平解决方案,如果智利坚持要重新建立一个新的秘鲁政府,特雷斯科特必须向智利政府表明美国政府的不满和失望,因为美国仍然坚持秘鲁可以以现金赔款的方式来取得和平。如果智利以友好的态度接受了这个建议,布莱恩建议特雷斯科特可以方便行事,和智利签订一个临时条约。但是如果这个建议也被拒绝,即智利坚持破坏一个独立国家的政策的话,美国政府将会考虑因为智利政府的行动产生的影响而履行进一步的义务,自由地和这片大陆上的其他共和国合作,共同避免不好的结果,这样的结果影响的不止智利和秘鲁,也是对所有美洲国家政体、和平进步和自由文明的威胁。② 另外,布莱恩还指示特雷斯科特必须提防阿根廷和巴西政府。但是正如有人指出的那样,这样的言语带来的危险性已经是接近于最后通牒了。③ 在布莱恩的指示中,可以发现,他一方面希望消除由赫尔伯特所带来的负面影响,另一方面却又强硬地对智利施压。

　　布莱恩并不了解智利对此次战争所寄予的期望。为了防止被秘玻联军

---

　　① 47th Congress,1st Session,*Senate Doc*. *No*. 79,p. 561,p. 563.

　　② 47th Congress,1st Session,*Senate Doc*. *No*. 79,pp. 174-179.

　　③ David Saville Muzzey,*James G*. *Blaine*：*A Political Idol of Other Days*,Dodd,Mead,1934,pp. 248-249.

和阿根廷两面夹击,智利被迫在与阿根廷的争端中做出了让步,这使得智利在与秘鲁和玻利维亚作战时民族主义情绪高涨,在放弃了巴塔哥尼亚的利益后,智利自然不能接受放弃更多的利益。即使在备战不充分的情况下,智利仍在与秘鲁的战斗中取得了众多的胜利,这更加激起了智利人的爱国主义情绪。公众压力和扩张主义的野心成为主导智利行动的主要原因。

与美国言辞激烈的表态同时传来的,是美国与卡尔德隆政府签订了将钦博特(Chimbote)转让给美国作为煤站的消息。

布莱恩的行动立即引起了智利国内的强烈不满,智利报纸指责"国务卿将美国的外交政策置于他肮脏的贪欲和个人财富的卑鄙愿望之下","智利人不认为白宫有权干涉此事,领土争端本来就是当地事务,智利应该是自己房子的主人。"

有些人担心,美国想要在秘鲁建立一个保护国,以便将它变成一个北美力量和财富的基地,美国将从那里向外扩张到整个拉丁美洲,因此智利认为,反对美国的干涉,就是在保卫整个大陆。①

特雷斯科特到达利马后发现,占领首都的智利军队已经非常疲惫,这让他看到了进行和平谈判的可能,然而在逮捕了加西亚·卡尔德隆(Garcia Calderon)之后,智利已经控制了他们唯一可以进行和谈的临时政府,这对美国将是不利的。特雷斯科特认为,如果他能在不施加太大压力的情况下消除错误②,和谈将会进行得很快。③

与此同时,美国国内也发生了巨大的变化。在赫尔伯特对智利的强硬表态后,美国国内对布莱恩的调解政策产生了许多批评。虽然有人认为这表明了美国对领土割让的反对,但是更多人认为如果美国支持赫尔伯特的行为,那么美国就是在执行为了强大自身而进行干涉和侵略的政策。④ 1881年10月8日,《华盛顿邮报》登载了关于一个集团在赫尔伯特处进行游说活动,希望美国政府能够承担秘鲁负债的新闻。两个星期之后,《邮报》又公开指责赫尔伯特是个爱管闲事的大忙人,是一家将拥有业务垄断的鸟粪公司

---

① William F. Sater, *Chile and the United States：Empires in Conflict*, University of Georgia Press,1990,p.44.

② 特雷斯科特所指的错误即林奇备忘录造成的美智之间的紧张局面。

③ Trescot to Frelinghuysen,*FRUS*,1882,pp.61-63.

④ "Chili's Plans in Peru," *New York Times*,October 21,1881,p.2.该事件简单来说,就是有人爆料称有一在秘鲁投资的公司,在争议地区有利益相关,为了不被智利夺取争议领土而造成更大的损失,主动提出为秘鲁出资以换取和平,并到布莱恩和赫尔伯特处活动,还获得了他们的认可,最关键的是,爆料指出赫尔伯特和布莱恩在该公司也有利益相关。

的代理人。①随后牵扯出的腐败事件给布莱恩带来了无尽的麻烦。

随着加菲尔德被刺身亡,弗里林海森成了新任国务卿,美国在南美三国战争上的政策又一次发生重大改变。与布莱恩不同,保守的弗里林海森并不愿意过多地介入南美国家的争端之中。

弗里林海森的简单电报和最初期的指示中清楚地写道:"对于智利和秘鲁之间的争端,美国没有任何想要对此表达权威性的言论的想法。"然后他提到了可能会导致和智利关系破裂的布莱恩的那份指示,告诉特雷斯科特决不要在回国的路上访问布宜诺斯艾利斯,并且告知他总统已经开始重新思考举办一个西半球和平大会的可行性。②

除此之外,在没有得到更多的关于调停的消息之前,弗里林海森就将美国所有关于智利和秘鲁之间调解政策的外交文件公之于众。对此特雷斯科特一行一无所知。在与智利外长何塞·曼努埃尔·巴尔马塞达(Jose M. Balmaceda)进行了非正式的对话后,特雷斯科特获得了智利接受和解的初步条款,并且将这些条款电报给了华盛顿,希望能够得到展开更进一步对话的指示,但是等来的却是关于美国外交文件的公布和报纸对布莱恩外交政策的指责和攻讦。③

智利方面比特雷斯科特预先得到了美国所公布的外交文件信息,清楚地了解了特雷斯科特此行的目标,也基本确定了美国将不会进行武力干涉,在智利已经完全摸清美国立场的情况下,双方的和谈显然已经没有继续的必要了。

在南美太平洋战争进行的同时,中美洲地区的危地马拉与墨西哥也发生了冲突。1880 年 9 月,一群危地马拉人袭击了索科努斯科(Soconusco)的一个小镇,被俘虏的危地马拉人声称此次行动受到了危地马拉总统巴里奥斯的援助。于是墨西哥当局以严厉的口吻谴责危地马拉政府,并且宣布墨西哥政府将使用任何合适的手段来保持恰帕斯州(Chiapas)的安定。在接下来的日子里,墨西哥总统冈萨雷斯知会墨西哥国会,称他已经在恰帕斯派驻了相当数量的军队来镇压任何的骚乱以及应对其他意外情况的发生。双

---

① "The Ever-Ending Chilian War: Wretched State of Aflairs in Peru—Rumar Guana Job," *Washington Post*,October 8,1881,p. 1,October 22,1881,p. 2.

② 47th Congress,1st session,*Senate Doc*. No. 79,pp. 186-187.

③ Trescot to Frelinghuysen,January 13,23,*FRUS*,1882,pp. 58-61.

方长久以来的边界冲突逐渐升级，战争似乎即将到来。①

1881 年 5 月，美国驻中美洲公使洛根（C. A. Logan）向布莱恩报告了墨西哥的军事行动。洛根说道，他从可靠消息得知已经有 1000 名装备精良的军人进入了索科努斯科，很可能还有 2000 名即将到达。他认为战争的可能性在不断增加。

洛根认为，从各方面来看，墨西哥政府都有和危地马拉完全决裂的倾向。墨西哥人都憎恨巴里奥斯，巴里奥斯的地位也并不如看上去那么稳固，如果他将他的军队派去与墨西哥对抗，他在危地马拉国内的敌人可能会集结力量将他赶下台。洛根还讨论了墨西哥政府以及危地马拉甚至整个中美洲的问题。他认为对这个地区的征服对墨西哥来说并不是什么困难的事，但是保持统治和控制却非常困难，也超出了墨西哥的能力。

洛根的判断是合理的，中美洲地区从独立战争以来就频繁地处于混乱的状态，1823 年结成的中美洲联邦并没有给中美洲带来真正的和平，危地马拉与其他省之间的冲突，中央政府与地方权势之间的冲突，教会与政府之间的冲突等等都使中美洲国家常常处于混乱的状态之中。②

由于经济发展的滞后，中美洲五个国家之间的联系并不十分顺畅，彼此之间甚至没有相互连通构成网络的铁路、蒸汽船以及电话线等。③除地理上的隔绝造成考迪罗统治频繁外，西班牙的殖民统治还造成财富和权力掌握在小部分人手里。独立革命并没有彻底地改革严格的社会等级制度，保守派贵族，比如克里奥人的势力，造成民主共和国无法得到真正的实现。另外，英国在中美洲联邦解体后的势力入侵在今日仍然在持续发挥着影响。

在这样复杂的情况下，征服和控制危地马拉对墨西哥来说显然并不现实。

在随后的几份文件中，洛根持续报告了两国的军事调动。虽然情势紧

---

① 墨西哥与危地马拉的领土争端最早可以追溯到西班牙殖民时期，双方争议焦点主要在恰帕斯地区的索科努斯科地区，此地位于恰帕斯境内和危地马拉接壤地区。殖民地时期，这个地区属于危地马拉都督区（这个都督区包括恰帕斯、危地马拉、萨尔瓦多、尼加拉瓜、洪都拉斯和哥斯达黎加几个省），并且与南部的墨西哥都督区接壤。1821 年，墨西哥成功获得独立，不久之后，危地马拉城的一个军人集团宣布整个都督区独立，但此时作为其原本省之一的恰帕斯早已加入了已经独立的新墨西哥。1823 年，危地马拉和其他几个中美洲国家共同组成了中美洲联邦，而恰帕斯仍然在墨西哥和中美洲之间摇摆。由于中美洲联邦宣称这个地区在历史上就是其一部分，于是恰帕斯的地位和归属就成了一个尴尬难解的问题。

② ［美］林恩·福斯特：《中美洲史》，张森根、陈会丽译，中国大百科全书出版社 2011 年版，第 163 页。

③ Logan to Blaine, *FRUS*, 1881, pp. 104-105. 美国对中美洲联合来抵消英国的影响最早可以追溯到华盛顿时期。

张,但洛根提出,在得到华盛顿的指示之前他将继续采取回避的保守政策,同时他还提醒政府要注意危地马拉在无法得到美国帮助的情况下可能转向欧洲的危险。①

由于危地马拉根本无法在军事上与墨西哥对抗,因此危地马拉总统巴里奥斯派遣图罗·乌必哥(Arturo Ubico)作为公使前往华盛顿请求美国对此次争端进行干涉。

在给布莱恩的信中,乌必哥指出,危地马拉已经采用了所有可能的外交手段,但是这些和平的手段都没有成功,因此危地马拉只能请求美国的帮助,乌必哥甚至称美国是保持中美洲领土完整的天然保护者。②

布莱恩很快就答应了乌必哥的请求。他回复称,美国政府很乐意帮助美洲国家保持和平和友谊,并且引用了乌必哥关于美国是中美洲天然保护者的言论。布莱恩提出:"美国不会对边界争端的价值表达任何立场,或者对这些邻国的命运做出任何的仲裁,但是美国希望能够尽可能地做出努力来强化大陆上的共和国之间不可或缺的天然的联盟……为了追求这个伟大的目标,美国政府急切地希望能够看到中美洲共和国更加安全地联合在一起……美国将不会对两国之间的争端做出预先判断,美国总统将指示美国在墨西哥的代表表达他的看法。总统认为,如果国际边界,或者使用现代行为准则所承认的和平程序而未明确表明的权利被忽视,这些对于共和原则都将是危险的存在。"③虽然国务卿表示将在此次调解中站在公正的立场,但是从这份声明来看,他毫无疑问站在了危地马拉一边,同时可以了解到,布莱恩是支持中美洲联合的,或者说是支持危地马拉的中美洲联邦计划的。

危地马拉公使乌必哥的陈述与美国驻中美洲公使洛根对两国争端情况的报告,都使布莱恩相信战争即将到来。于是,在答应了危地马拉的仲裁请求之外,布莱恩还给美国驻墨西哥公使摩根(P. H. Morgan)做出了具体指示。指示中重申了美国和墨西哥的友谊以及美国的公正立场,但是信中引用了大量危地马拉公使对于危地马拉在此次争端中行动的合法性和正当性的言论,这种偏向性的描述已经注定了布莱恩的调解并不会在公正的基础上进行。④

6 月 21 日,布莱恩收到的摩根的报告中指出,墨西哥不仅试图掌握争

---

① 48ᵗʰ Congress,1ˢᵗ Session.,*House of Representatives*,*Ex. Doc. No.* 154. p. 6.

② 48ᵗʰ Congress,1ˢᵗ Session.,*House of Representatives*,*Ex. Doc. No.* 154. p. 20.

③ Blaine to Ubico,*FRUS*,1881,p. 599.

④ Blaine to Morgan,*FRUS*,1881,pp. 766-768.

议地区的领土,还在持续对危地马拉进行敌对行动。摩根认为,墨西哥可能最终通过征服来扩张边境。大批的墨西哥军队正前往索科努斯科,频繁的边境劫掠已经在边界点起了战火,危地马拉正在采取措施进行防守。更多的国务院情报显示墨西哥可能将这种扩张的意图延伸至其他的中美洲国家,最终将整个中美洲纳入到一个墨西哥联邦体系中来。

虽然布莱恩对此表示怀疑,但是他提出,美国政府的政策就是要遏制这样的领土征服,并且通过友好的斡旋来消除任何这样的行动,防止这一地区的力量平衡被打破,"美国拥有的不仅仅是权利,还有道义上的责任",布莱恩说道,"来保护其邻国免受任何的侵犯。"① 从这份文件来看,布莱恩已经将墨西哥的军事行动定义为扩张和征服行动。

布莱恩警告道,墨西哥与危地马拉之间的战争将为欧洲国家提供机会,不论欧洲站在哪一方,都将有利于他们在这一地区施加影响。最后,他明确提出,墨西哥任何攫取邻国土地的行为都将被视为是对美国利益不友好的表示。布莱恩指示摩根将这些观点传达给墨西哥当局,并且希望他能够从墨西哥政府处得到墨西哥无意征服领土的保证。他还私下向摩根表示,如果危地马拉被逼到绝境,是很有可能将其权利让渡给欧洲国家的,而这些国家正好在等待着这个机会。②

6月23日,布莱恩电报摩根,要求他知会墨西哥政府总统,恳切要求墨西哥停止任何对危地马拉的敌对行动,提出美国愿意为了和平的目的提供斡旋,同时要求摩根与危地马拉驻墨西哥公使曼努埃尔·埃雷拉(Manuel Herrera)合作,寻求一个和平解决争端的方法。③ 美国通过美墨战争夺去了墨西哥一半的领土,却在此时反对墨西哥对危地马拉的行动,即便争议土地在很长的时间内都已经在墨西哥的控制之下。这很快就激起了墨西哥方面的强烈不满。

然而,加菲尔德的被刺使布莱恩的行动不得不放缓。7月9日,摩根与墨西哥外长伊格纳西奥·马里斯卡尔(Ignacio Mariscal)谈及关于美国作为仲裁者的问题,马里斯卡尔坚持认为在整个事件中,墨西哥才是受害的一方。从两国发生冲突的状况来看,墨西哥方一直认为争议领土是属于墨西哥的,并不存在什么争议,而且是危地马拉先挑起的冲突。因此,马里斯卡尔说道,墨西哥将军队派往恰帕斯不过是为了保护墨西哥公民,而不是为了

---

① 48th Congress, 1st Session. , *House of Representatives*, *Ex. Doc. No.* 154, p. 27.
② Blaine to Morgan, *FRUS*, 1881, pp. 768-770.
③ Blaine to Morgan (Telegram), *FRUS*, 1881, p. 770.

与危地马拉开战。

对于将领土争端提交仲裁的建议，马里斯卡尔表示了冷淡的态度。墨西哥认为，不论墨西哥在将来是否愿意承认，但就目前来看没有什么可提交仲裁的。简单来说，墨西哥拒绝了美国的仲裁和斡旋的建议。另外，墨西哥已经向危地马拉建议再次成立一个委员会对争议的土地进行调查，双方的领土争议问题正在解决中，在调查委员会给出最终结果之前，墨西哥将不会进行真正的战争。①

在随后的一次会面中，马里斯卡尔还说道，危地马拉的行为是狡诈的，他们假装和墨西哥共同商谈关于争议领土的调查，但是私下里却试图寻求美国为其利益服务而进行调解和干涉。他还宣称墨西哥军队将采取一切可能的手段重新夺回被危地马拉军队占领的争议领土。对此，摩根向他陈述了一系列战争可能带来的恶果，认为双方都需要接受美国的调解。马里斯卡尔否认墨西哥有任何攫取危地马拉合法领土的意图，坚持认为墨西哥没有对其邻国采取任何的侵略行为。② 换言之，墨西哥并不认为双方存在调解的必要，因为墨西哥只是在捍卫本国领土。

事实上，在随后整理的关于 9 日的会面的备忘录中，墨西哥基本上对美国和危地马拉所提出的指控做出了明确的解释，同时还表明了墨西哥对此次争端和美国提出的仲裁问题的态度和立场。

首先，墨西哥方面提出墨西哥一直希望能够和平友好地解决两国之间的纷争，从目前来说，并不能够确定是否能够将这次争端提交仲裁。马里斯卡尔提出，争端的解决，或者更具体地来说，两国边界的划分，需要经过详细的调查收集信息和数据。虽然 1877 年双方共同同意成立调查委员会，但是调查工作一直没有完成，因此在目前情况下不能将边界争端提交仲裁。最后，马里斯卡尔还提出，从中美洲刚独立时期开始，恰帕斯和索科努斯科居民加入墨西哥一直是他们的自由意志，并不存在什么征服行动。

马里斯卡尔还对危地马拉所提出的四点指控做出了回应。首先，危地马拉称其所有的外交行动都已经在墨西哥失败了，无法和墨西哥达成一致，但是实际上，基本上所有的外交努力都是由墨西哥方面做出的，而危地马拉一直表现出不合作甚至破坏谈判的态度。从 1823 年开始，墨西哥一直持续地在边界问题上与危地马拉方面进行交涉，但是一直没有什么进展，墨西哥提出的许多建议也没有得到危地马拉的回应。

---

① Morgan to Blaine, *FRUS*, 1881, pp. 774-775.
② Morgan to Blaine, *FRUS*, 1881, pp. 775-778.

其次，危地马拉提出双方同意组织和派遣调查委员会对两国的边界线进行具体的调查，但是危地马拉代表却被墨西哥当局逮捕。对此，墨西哥方面回复称，危地马拉穿越了边界线进行调查的行为是非法行为，而且墨西哥当局在知悉情况后已经迅速将其释放，这件事情根本没有像危地马拉方面所渲染的那样严重。

再次，对于在这一地区进行人口统计和普查的危地马拉代表被捕一事，墨西哥解释称该代表非法移动了两国之间的边界标志，在双方同意维持现状的情况下，这实际上是违背了双方的协定。因此，墨西哥认为逮捕的行动并没有什么不妥。

最后，危地马拉政府控诉墨西哥政府在非法侵占和蚕食危地马拉领土，墨西哥政府对此否认，提出反而是危地马拉一直在骚扰和攻击墨西哥居民。马里斯卡尔再次提出，在任何情况下墨西哥都不会将恰帕斯和索科努斯科地区的主权问题提交仲裁，因为这两个地区长久以来已经成了墨西哥联邦的一部分，而危地马拉在调查委员会没有将双方的边界争端详细调查清楚之前就请求美国的调解和帮助，不过是因为其主张毫无根据，所谓的仲裁不过是为了争取时间，以便继续其对墨西哥领土的侵略行为。①

到了8月，墨西哥仍然没有接受美国的建议接受仲裁，摩根承认他没有被授权进行任何调解，但是他仍然坚持两国应将分歧提交美国总统，根据证据来做出仲裁。② 然而，摩根的行动却因危地马拉驻墨西哥公使的行动而变得尴尬。虽然摩根反复要求埃雷拉远离马里斯卡尔直到仲裁被墨西哥接受，但是埃雷拉还是与马里斯卡尔进行了多次的单独会面，甚至表达了美国支持危地马拉的情况，这些都使墨西哥人变得更加愤怒。③

8月中旬，埃雷拉将他与马里斯卡尔的会面向摩根做了报告，报告中称，在危地马拉继续坚持对恰帕斯的主张之前，双方之间的领土问题根本就无法得到解决。摩根指出，墨西哥在与危地马拉的私下谈判之后似乎态度变得更为强硬。墨西哥方面认为，美国绝不会为了危地马拉与墨西哥开战，因为其在墨西哥有着巨大的经济利益。而危地马拉公使埃雷拉提出的墨西哥以赔款换取争议领土的建议似乎更加坚定了墨西哥对美国行动的揣测。在向布莱恩报告的信件中，他略带抱怨地提到，当我们在促使双方提交仲裁的时候，危地马拉却在向墨西哥出让他的权力，我们似乎走到了十字路口。

---

① 48th Congress, 1st session., *House of Representatives*, *Ex. Doc. No.* 154, p. 49.

② Morgan to Blaine, *FRUS*, 1881, pp. 794-797.

③ 48th Congress, 1st session., *House of Representatives*, *Ex. Doc. No.* 154, p. 43.

但是他仍然明确地向布莱恩表明，在当前墨西哥态度强硬的情况下，如果美国突然撤出这场争端的调解，危地马拉将失去一切。①

9月，摩根向国务院报告了墨西哥总统冈萨雷斯的一次类似于战争宣言的演讲，以及墨西哥媒体强烈的反美言论。报纸文章都反对墨西哥政府给美国商人商业合同，等等，这些都使他认定战争即将到来。摩根将这些事件与马里斯卡尔做了讨论，但是谁也不能说服对方。摩根认为自己已经给出了最好的条件，但是墨西哥却坚称除非美国能够采取一个公正积极的立场，否则战争将无法避免。摩根于是建议美国政府宣布在情况无法挽回之前维持当前的状况，不再多加干涉："在这个问题上的协商对危地马拉是不利的，而且据我所知，您目前所做的致力于促进与墨西哥之间的和谐关系的行动并没有达到预期的效果。"②

摩根的态度和立场表明他已经认为美国的仲裁将不会被墨西哥接受，但是国务卿布莱恩并不甘心就此罢手。他在给摩根的回信中写道："置之不理是不可能的，因为现在的情况不会永远保持不变……虽然美国和墨西哥的友好关系不会因为墨西哥拒绝了美国的斡旋而得到提升……但是如果将双方置于不顾，就意味着墨西哥和危地马拉将武装对立，一方对于另一方的愤怒和极端的恐惧最终将会导致发生真正的冲突。在危地马拉无法与墨西哥匹敌的情况下，这个大陆上将会出现另一种令人遗憾的所谓的征服权……"布莱恩认为如果爆发战争，墨西哥会像智利一样，认为自己具有所谓的征服权，从而破坏美洲国家之间的友好关系，破坏美洲的繁荣和稳定。③实际上，布莱恩担心的是墨西哥像智利一样通过战争打破中美洲的平衡，在美国向南扩张的道路上形成阻碍。

于是，摩根被指示继续向墨西哥建议将两国争端提交仲裁，这时的美国做出了一定的让步，但是摩根提出，这种仲裁将是有限的，美国将仅对两国之间的边界进行仲裁而不涉及恰帕斯省的问题。布莱恩认为这种不涉及关键问题的仲裁或许会被墨西哥接受。

在这份文件的最后，布莱恩还指出，如果墨西哥认为中美洲联邦会加强危地马拉总统巴里奥斯的权力而不愿意在两国之间的争端上让步，那么美国将不会接受出于这种目的的敌对行为。"这种行为将对这片大陆上的共和国产生危害，而美国作为这个大陆上最希望西属美洲国家和平发展的国

---

①　Morgan to Blaine, *FRUS*, 1881, pp. 801-803.

②　Morgan to Blaine, *FRUS*, 1881, pp. 806-809.

③　Blaine to Morgan, *FRUS*, 1881, pp. 814-817.

家也将继续其和平的政策。"①在当时墨西哥已经掀起反美主义的情况下，这份文件的措辞在墨西哥人看来，就像是对墨西哥的最后通牒。

如果考虑墨西哥和美国的关系，布莱恩就应该明白不能如此草率地处理两国之间的争端。与危地马拉相比，墨西哥与美国之间的商业和经济联系正处于上升的阶段。在海斯政府正式承认了迪亚斯政府后，美国铁路建造业者就得到了墨西哥政府两份主要的铁路建设合同。墨西哥正在积极引进外资，发展铁路建设，墨西哥正在成为美国人新的经济扩张之地。② 相比危地马拉的中美洲联邦计划所带来的利益，墨西哥巨大的经济潜力对于美国来说更为现实，墨西哥政府不仅处于相对稳定的状态，而且对美国的投资保持了友好的态度。

从布莱恩的行动来看，洛根报告的关于墨西哥的行动所带来的威胁让布莱恩异常紧张，尤其是对墨西哥吞并危地马拉的可能性的报告。美国并不希望墨西哥在中美洲地区获得主导权，若墨西哥在中美洲地区建立联邦，意味着中美洲地区出现了一个联合体，这对美国来说将成为向南扩张的阻碍，更是对布莱恩所期待的一个美洲体系的重大威胁。因此出于中美洲平衡的考虑，美国势必不会放任墨西哥在此次争端中获利。与南美三国战争时一样，美国采取了扶持弱小国家，施压强大国家从而保持力量平衡的政策。在 1881 年 6 月 16 日给墨西哥公使乌必哥的回复中，布莱恩就明确表示美国对弱小国家的保护是理所当然的。③

另一方面，防止欧洲干涉的基本立场导致美国在处理墨西哥与危地马拉的领土争端问题时，出于支持中美洲联邦的目的而对墨西哥施压。

早在 1880 年，巴里奥斯就将中美洲联邦计划告知美国驻中美洲公使洛根。他声称洪都拉斯和萨尔瓦多已经决定和危地马拉合并，尼加拉瓜也将加入这个联邦。巴里奥斯对洛根说，他将支持美国对尼加拉瓜运河的建设，同时希望美国能够支持他重新建立中美洲联邦的行动。④ 美国政府认为，重新结成的中美洲联邦不仅将有效地防止欧洲势力的入侵，还将为美国带来更多的商业机会与利益。

两个月之后，洛根向政府建议国务院对中美洲地区实行保护，至少要让巴里奥斯能够成功结成中美洲联邦。他担心欧洲力量很有可能反对已经签

① Blaine to Morgan, *FRUS*, 1881, pp. 814-817.
② 美国与墨西哥的经济发展关系可见美墨互惠条约一节。
③ Blaine to Ubico, *FRUS*, 1881, pp. 766-768.
④ Lorgan to Evarts, "Despatches," *Central America*, Vol. 15, February 6, 1880.

订的美国与尼加拉瓜之间的运河条约。作为中美洲相对来说较为强大的国家，危地马拉具有影响尼加拉瓜运河的实力。此外，如果危地马拉的中美洲联邦计划能够成功，也将为美国在这一地区的利益服务，这不仅关乎一条美国的运河，还意味着在中美洲驱逐欧洲的势力。

1881年，洛根再次建议美国政府对中美洲实行保护，警告称英国和德国为了中美洲太平洋沿岸的经济利益都希望能够控制任何未来在这里将建成的运河。[①] 比起英国来，洛根更加担心德国在中美洲的行动。德国人不仅控制了危地马拉主要的出口商品咖啡的生产，还和危地马拉缔结了商业条约，德国产品更是和美国产品在此地有着激烈的竞争关系。在得知美国对中美洲的保护意图后，德国在此地的负责人和总领事就联合法国和英国共同提出了反对。[②] 此前关于中美洲联邦可能性的讨论中，美国公使认为只有危地马拉才有可能实现这个目标，因此美国在此次外交调解活动中自然不希望危地马拉的实力受到削弱。事实上，某种程度上可以说，危地马拉既希望在与墨西哥的争端中能够借得美国的力量，又可顺势与美国建立起良好的关系，以便在它的中美洲联邦计划中进一步得到美国的支持。从墨西哥代表罗梅罗对布莱恩的政策分析中可以发现，两国代表都意识到了布莱恩对推进美国主导的仲裁的愿望，因此危地马拉希望利用美国的这个意图，在与墨西哥的争端中获利。[③]

在实力远不如墨西哥的情况下，危地马拉成功地以中美洲联邦的计划获得了美国的支持。然而，不论是危地马拉总统、外交官，甚至是美国政府，都高估了美国对墨西哥的影响力，简单地认为美国对墨西哥的施压可以使墨西哥屈服。

基于美国在墨西哥巨大的经济利益，以及在此次纠纷上墨西哥对于自身主张的合理性的认定，可以合理推断墨西哥不会因为外交说辞就退却。这从墨西哥对美国的强硬回应上就可以得到证明。对美国来说，危地马拉

---

① J. Fred Rippy，"Relations of the United States and Guatemala During the Epoch of Justo Rufino Barrios," *The Hispanic American Historical Review*，Vol. 22，No. 4（Nov.，1942），pp. 595-605.

② Thomas Schoonover，*Germany in Central America：Competitive Imperialism，1821－1929*，University of Alabama Press，1998，p. 72，pp. 75-77，pp. 80-81.

③ 巴里奥斯希望借助美国的力量完成中美洲联邦的重新结合与他个人的上位有极大的关系，巴里奥斯依靠美国的技术和先进武器成功实施了政变，因此他对美国的先进技术有一种天然的向往，希望能够进一步借助美国的技术和武器完成其中美洲联邦的目标。具体可见 J. Fred Rippy，"Relations of the United States and Guatemala During the Epoch of Justo Rufino Barrios," *The Hispanic American Historical Review*，Vol. 22，No. 4（Nov.，1942），pp. 595.

和墨西哥是两种利益的选择：一方面是美国在墨西哥的投资和逐渐增长的贸易，另一方面是渺茫的中美洲联合的前景以及美国对于穿越一个稳定的联合国家的运河的希望。

在墨西哥的强硬表态之下，美国在此次事件中的目标最终也没有实现，从美国方面来说，虽然布莱恩明确提出了仲裁的建议，但是不论是对危地马拉的保证或者是对墨西哥的施压，美国都没有提出具体的措施，诸如派遣军队或者占领争议土地，等等，这就导致危地马拉和墨西哥无法预料美国的具体行动，导致双方的和平一直无法达成。美国防止墨西哥对中美洲的所谓征服行动也显示出美国并不愿意坐视墨西哥的强大。这点与南美太平洋战争中美国对智利的立场是一致的。

不论是智利还是墨西哥，美国都不愿意看到他们因为从领土冲突中获利而变得强大，从而影响美国在美洲扩大影响。美国更希望看到的，是南美大陆的一种平衡状态，只有在这样的情况下，美国才能够凭借自身的优势在美洲建立领导权，控制整个美洲体系。而美国之所以支持中美洲体系，也只是因为危地马拉在许多方面都需要依靠美国的力量。从洛根的报告中可以得知，美国自信能有效控制危地马拉，因为危地马拉总统巴里奥斯的上位在很大程度上依赖于美国的武器和物资，而且巴里奥斯政权的不稳定也将使他更加依赖于美国的支持。由这样一个亲美的政府所组成的联邦将帮助美国有效防止欧洲势力的入侵。

总体来说，美国在这一时期对领土争端的介入基本上面临了两个困境。一方面，拉丁美洲一些国家更加亲欧，主动引入欧洲的力量来介入美洲的事务，而不愿意接受美国的调解，这与美国拉丁美洲的基本立场——反欧是相悖的。另一方面，以智利和墨西哥为代表的国家不愿意接受美国的调解，而且很有可能通过这些争端获得发展的新机会，从而打破美国所希望保持的美洲大陆的平衡状态。在传统的调解手段已经无法再发挥作用的情况下，国务卿詹姆斯·布莱恩提出了新的方式，即美洲仲裁计划，旨在通过美洲合作的方式，共同对争端国家施压，并且将领土争端的问题有效地纳入到美洲内部，从而在压制新兴国家的同时，防止欧洲的干涉。而美国也可以因为远离争端的原因，成为这些争端天然的调解者和仲裁者，最终扩大美国在美洲大陆的影响力。[1]

---

① James Gillespie Blaine, *Political Discussions,Legislative,Diplomatic and Popular*,The Henry Bill Publishing Company,1887,p. 412.

第三节　美国拉美政策的补救：美洲仲裁体系计划的推进

从布莱恩提出"老大哥政策"，到积极介入拉丁美洲国家之间的争端进行调解，美国遭遇了重大的外交失败。在南美三国战争和墨西哥与危地马拉的边界冲突中，美国以门罗主义的不转移原则为理据，反对智利和墨西哥占领他国领土，并且在和平调解的名义下，进行了强硬的施压。但是这种施压显然低估了拉丁美洲国家国内的民族主义的影响力。

以智利为例，从多方资料来看，智利并没有做好与秘鲁和玻利维亚交战的准备，一触即发的战争迫使智利在与阿根廷之间的边界争端中做出了巨大的让步。而在与秘鲁和玻利维亚战争中付出的巨大代价让智利更加不可能放弃领土要求。而墨西哥本来就因为历史原因对美国存在着天然的不信任。在这样的情况下，美国的施压反而引起了这些国家对美国的怨恨与反感。

美国希望维持拉丁美洲和平的局面，为美国的经济扩张创造良好的环境，还可以通过这样的机会来展示美国的力量，扩大在拉丁美洲的影响。但是美国外交的混乱，和拉丁美洲国家的亲欧倾向，使得美国外交面临诸多困难。

这些失败的外交活动使布莱恩认为，传统的外交手段已经不能帮助解决国家间的争端，美国需要一个更加详尽、综合的方式或者手段来解决现在以及未来的拉丁美洲国家之间的冲突，这种方式就是美洲仲裁体系。

布莱恩认为，国家间共同合作和认可的仲裁体系将会比传统的外交手段更加有效，正如他曾说的那样："我们应该和西半球的国家建立更加密切的关系，为了我们的共同繁荣和进步，我们应该邀请他们加入我们，共同加入一个协议，在这样一个协议规定下，在将来的日子里，所有南北美洲国家之间的冲突和矛盾都将通过公正的仲裁而不是武力来解决。"①

1881 年 11 月 29 日，詹姆斯·布莱恩提出了美洲和平大会的倡议，试图通过这样一个联合大会的形式，推进统一的美洲仲裁体系，从而对智利和墨西哥施压。虽然布莱恩指出此次会议的目的在于加强西半球国家之间的友谊，以及消弭未来的战争，并且否认了这次会议将对目前存在的领土争端

---

① Willis Fletcher Johnson, *An American Statesman*, *The Works and Words of James G. Blaine*, Augusta Publishing Co. A. M. , 1892, p. 408.

进行干涉，①但是鉴于当时美国在南美太平洋战争中的外交失败以及在墨西哥遭遇的外交困局，很难让人相信这次大会的目的不是针对智利和墨西哥。

值得注意的是，门罗主义中的不得转让原则在此时已经被应用于反对拉丁美洲国家间的领土占领行为。从对拉丁美洲国家施压的角度来说，美洲和平大会所倡导的美洲仲裁体系也将是布莱恩挽救其拉美政策的行动。另外，美洲仲裁体系试图确立"美洲人处理美洲事务"的原则，也将有效地避免欧洲国家的干涉，维护门罗主义。布莱恩固执地认为，智利是在英国的支持下坚持进行战争并获胜的。② 从更加长远的角度来说，这也是为了维护美国在美洲大陆的经济利益。③

就在 1882 年辞去国务卿的职位后不久，布莱恩发表了《加菲尔德的外交政策》一文，其中明确说道，加菲尔德政府的外交政策只有两个，一是给南美洲带来和平，另一个则是和这些国家发展对美国有利的商业关系。他说道："为了达到第二个目的，就必须实现第一个目标……南美国家也明白这一点，所以这样一个大会的邀请才能在南美洲受到广泛的欢迎……毫无疑问的是，在短时间内所有被邀请的国家都会愿意参加这样一个大会。"布莱恩认为，美国政府有义务在美洲国家间保持和平，因为这样的和平状态将带来重要和有利的结果——"建立和南美洲国家之间的友谊，促进双方之间更加紧密的商业联系"。"十七个独立国家一致同意通过和平调解的手段解决所有的纠纷，将对人类文明产生非常大的影响力，同时还将影响到将来的人们。"④

1881 年底，布莱恩在最后的任期内代表美国向拉丁美洲各国发出了和平大会的邀请，邀请中明确提出了此次会议的目的：

> 找到能够永久解决国家之间的恐怖的流血争端，或者更严重的内

---

① James G. Blaine, *James A. Garfield*, *Memorial Address Pronounced in the House of Representatives*, February 27, 1882, Government Printing Oiffice, 1882, p. 48.

② 国会曾对布莱恩在南美太平洋战争中的行动进行过调查，布莱恩在听证会上声称这场战争是一场由英国支持的战争，而智利不过是工具，如果不是英国的支持，智利绝不会发起战争。具体可见 U. S. , 47th Cong. , 1st sess. , *House Report No.* 1790, p. 217.

③ 有些学者就认为经济动机是布莱恩的召开大会的主要原因。Muzzey, David Saville, *James G. Blaine: A Political Idol of Other Days*, New York: Dodd, Mead, and Company, 1934, A. C. Wilgus, "James G. Blaine and the Pan-American Movement," *The Hispanic American Historical Review*, Vol. 5, No. 4 (Nov. , 1922), pp. 662-708.

④ James G. Blaine, "Foreign Policy of the Garfield Administration: Peace Congress of the Two Americas," *Chicago Weekly Magazine*, Sept. 16, 1882, p. 1.

部争端和内战……在这么多年里，中南美洲国家逐渐有这样一种倾向，就是把影响国际关系重要问题的争议和边界问题通过仲裁而非武力解决。很多时候，许多的美洲国家将美国当作他们的朋友和调解者，美国政府对此感到满意……这样的形势让总统相信，将西半球所有国家的友好和合作结合起来的时机已经到来……总统希望你们理解，美国发出这个邀请并没有任何想要承担起咨询，或者试图通过大会来为现有问题的任何解决方案提供咨询，虽然这些问题可能会分裂美洲国家……这个大会的目标是更崇高的，是为了我们所有国家将来的利益，而不是解决现在互相之间的分歧。由此，总统指示在将来的某个时间召集大会，到那时，南美太平洋战争已经结束，所有国家都可以和平地来参加讨论……美国会和其他国家一样……而不会显示力量……只作为一个成员和其他国家平等合作地进行讨论。①

布莱恩在邀请函中提出的"不是解决现在相互之间的分歧"可以说非常明确地指出了此次会议将不会讨论智利和秘鲁玻利维亚之间的战争与冲突，但是智利仍然拒绝参加此次会议。

布莱恩否定美国作为一个仲裁者的意图实际上与他之前的说法是相矛盾的。在《加菲尔德的外交政策》一文中，布莱恩非常明确地提出："他们需要外部的压力使他们远离战争，如果战争到来，他们需要外部的力量给他们带来和平。"②1881年的时候他还提出，美国不再进行领土征服的行动已经使它具有了阻止其他国家进行征服战争的权力，③这也就意味着，布莱恩将美洲国家间的争端定义为了一方对另一方的征服行动。从这两方面看来，美国提出仲裁体系更加直接的对象是美洲国家，而美国因为放弃了征服行动成了天然的仲裁者。

另外，虽然许多国家都接受了邀请，④但是刚结束不久的巴拿马会议的失败却也使得各国对于此次会议的态度变得相对复杂。在美国发出邀请之前，1881年，拉美国家就曾召开了巴拿马会议，并对仲裁的问题进行了讨

---

① Blaine to Osborn, *FRUS*, 1881, pp. 13-15.

② Lars Schoultz, *Beneath the United States, A History of U. S. Policy toward Latin America*, Harvard University Press, 1998, p. 93.

③ Blaine to Morgan, *FRUS*, 1881, pp. 768-770.

④ 各国接受邀请的回复可见 *International American Conference, Reports of Committees and Discussions Thereon*, Vol. 4, Government Printing Office, 1890, pp. 258-277.

论,结果证明,许多拉美国家并不支持这样一个仲裁的原则。①

虽然布莱恩对此次大会雄心勃勃,但是加菲尔德遭遇枪击并且最终去世的现实使得布莱恩的和平大会计划变得困难起来。9 月 22 日,副总统切斯特·阿瑟(Chester A. Arthur)继任总统,弗德里克·西奥多·弗里林海森(Frederick Theodore Frelinghuysen)则代替布莱恩成为新的国务卿。②从政治派别上来说,新总统阿瑟与弗里林海森虽也属于共和党,但是却属于与布莱恩相对立的派别,值得一提的是,也正是这个派别的激进人物刺杀了加菲尔德总统,因此新总统与新国务卿在之后的行动中也更加谨慎。从私人关系来说,阿瑟与布莱恩私交尚可,但是与弗里林海森则比较对立,从弗里林海森成为国务卿之后的行动来看,他更加保守,这也是当时许多共和党的党内人士对他的评价,而布莱恩当时深陷腐败受贿的丑闻,更加让弗里林海森对他不满,对布莱恩召开所谓的和平大会的计划他也并不赞同。③

1882 年初,对布莱恩在南美三国战争中的不当行为和腐败传闻的不满开始逐渐酝酿并且发酵,并且终于在 2 月引发了大风波。国会开启了对詹姆斯·布莱恩在此次外交事件中的行动调查。一向谨慎的弗里林海森认为,在布莱恩做出了如此激进的外交行动的情况下,不应该再以和平大会这样的方式进一步对智利施压,美国应对拉丁美洲政策做出改变。④

弗里林海森还认为,这样一个大会只会招来仇视和嫉妒,引来更多的纷争,这同和平大会的目的是相悖的。"美国和世界上的所有国家都处于和平之中,总统希望能够确定与一些特定的国家进行友好协商,却没有将这种信任扩展到其他国家的人民的意愿。这样的一个大会是否能够带给我们所珍视的和平? 如果这样的做法会引起不满的话,那么这种协商所追求的和平目的也就无法达到了。"⑤

弗里林海森试图改变美国拉美政策甚至取消美洲和平大会的行动,引起了布莱恩的强烈不满,而弗里林海森所指出的仇视和嫉妒,布莱恩也理所

---

① *International American Conference. Reports of Committees and Discussions Thereon*, Washington Government Printing Office, 1890, Vol. 4, Government Printing Office, 1890, pp. 218-237, p. 228, Bernardo Irigoyen to Eustaquio Santa Maria, Buenos Aires, 1880, *FRUS*, 1880, pp. 3-6.

② 这里需要指出的是,虽然阿瑟于九月继任总统,但是布莱恩一直到 1881 年年底才离开办公室,事实上从 10 月开始布莱恩就提出过离职但是一直到年底才最终离职。

③ Joseph B. Lockey, James G. Blaine, in S. F. Bemis, ed., *The American Secretary of State and Their Diplomacy 1776—1925*, Vol. 7, New York, Cooper Square Publishers, 1963, p. 283.

④ Russell H. Bassert, "Diplomatic Reversal: Frelinghuysen's Opposition to Blaine's Pan-American Policy in 1882," *The Mississippi Valley Historical Review*, Vol. 42, No. 4 (Mar., 1956), pp. 653-671.

⑤ Blaine to Trescot, *FRUS*, 1882, pp. 57-58.

当然地认为指的是欧洲。

1882 年 2 月，他公开致信继任的总统阿瑟，指责弗里林海森：

　　　　为了对国际问题进行协商，并且消弭西半球战争，我建议在华盛顿召开一个所有美洲国家都参加的会议，这个建议得到了您的前任也就是加菲尔德总统的批准。但是 6 月 2 日的刺杀使他无法向美洲国家发出邀请。在您继任总统时，我向您提到过这个计划并且向您提交了一份邀请美洲国家参会的草稿。您在考虑过后欣然接受了这个建议，在仔细检查过之后发出了这个邀请……然而现在，如果我没有理解错的话，您的意思是，如果在美国召开这样一个美洲大会，参会国都是经过"选择"的，这样的行为很有可能冒犯欧洲国家，引起他们的不满。这自然是美国应当考虑和应对的，但是请您不要让这种想法主导整个政府政策的导向……1881 年美国的两位总统（加菲尔德和阿瑟）都认为美洲国家共同举行会议的唯一目的，就是为了就仲裁彼此之间可能出现的分歧并达成一致，以防止未来战争的发生。如果这一行动现在因担心欧洲国家的反应而终止了，如果举行这样一次会议需要向欧洲国家请求允许，那么这将是我们政府的耻辱。

布莱恩认为，这样的一次大会，只会让美国受到欧洲国家的嫉妒，还会增加美国的威望，他并不担心所谓的欧洲干涉或是威胁，而且召开这样的一次大会对增加美国和拉丁美洲之间的贸易，扩大美国的影响是有利的。"无论如何，与这样一个曾经被欧洲的商业竞争对手垄断，到现在为止还在很大程度上被忽视的一个巨大的地区开展合作，将是扩大美国的影响力和发展贸易的一个友好和充满希望的开始。"在这封给阿瑟总统的信中，布莱恩请求阿瑟慎重考虑撤回此次大会邀请的后果。[1]

布莱恩提出的现任政府是由于担心欧洲国家的反应而取消会议的指控，是非常严重的，因此，弗里林海森很快就做出了回复。他提出，取消会议的真正原因是为了防止南美洲国家产生嫉妒和不好的观感。[2] 从这里也可以看出，在发展与拉丁美洲国家关系，扩大美国影响的问题上，弗里林海森显得更为保守。

阿瑟总统也回应道："在发出邀请时，我并没有意识到南美洲几个国家

---

① James Gillespie Blaine, *Political Discussions, Legislative, Diplomatic and Popular*, The Henry Bill Publishing Company, 1887, *Letter to President Arthur*, February 3, 1882, pp. 407-419.

② "Mr. Blaine's Controversy: Misrepresenting the Attitude of the Government in His Criticisms," *New York Times*, February 5, 1882, p. 1.

之间存在的分歧会对这样一个友好的大会产生不好的影响。以上所说的分歧指的是智利和秘鲁之间,墨西哥和危地马拉之间,以及中美洲国家之间的分歧。我曾经希望这些争端和分歧能够在这次大会正式召开之前就已经解决,然而这个期望并没有实现。"与布莱恩隐约施压迫使墨西哥和智利接受美国仲裁不同,阿瑟并不想过多地介入到这些国家的争端中。

阿瑟还提出了召开一个和平大会是否符合宪法的问题:"有人认为尽管这个国际大会没有权力影响民族权利,但是,国会仍然不愿意因为这样一个由各方利益团体所组成的大会的意愿而使得美国在地峡或者大陆上的其他地方的现有权利变得模糊而不确定。我很乐意将此事提交美国国会,我现在也正在这样做,关于召集一个国际大会的正当性问题……已经有一些共和党人正在调查是否应该召集一个国际大会……我的行动将和国会的行动一致。"①阿瑟虽然没有直接表明态度,但是很明显,不论是他还是国会,对召开一个美洲大陆会议并没有做好准备,阿瑟提出不愿意美国的权利变得模糊,表明他并不愿意改变现状,很有可能指的就是美洲大会平等的投票权会削弱美国的影响力。

1882年9月,在给美国驻西属美洲代表的通函中,国务卿弗里林海森正式取消了邀请。他指出,总统希望在所有分裂美洲国家的问题都被解决之时,再召开这样一次会议。弗里林海森说:"南美共和国之间相互和平的状况是召开一个和谐和有利的会议的必要条件,然而就目前来看,这个条件并不存在。除此之外,在1882年4月18日将这个建议提交国会之后,国会并没有明确表示态度,而且至今也没有为这样一次会议制定条款,这意味着这次会议也将被推延至将来的某一天再举行。许多友好国家都对这样一次会议有兴趣,总统也认为这样一次会议的召开并不是没有益处的,它吸引了美国人民的注意,也吸引了南美人民的注意,这更加让我们意识到,一个更加明确清晰让所有人都满意的政策是多么的重要。"②弗里林海森取消会议邀请的行为让许多拉丁美洲国家感到失望,在回函中纷纷表示遗憾。③

1882年底,在第二次的政府年度报告中,阿瑟总统提到:"我不愿意在没有向你们保证我的支持的前提下驳回这个问题,国会的智慧对促进这片大陆乃至整个世界的和平将产生积极的作用。我相信当人们达成文明共识

① James D. Richardson, *A Compilation of the Messages and Papers of the Presidents*, 1789 — 1902, Government Printing Office, 1902, Vol. 8, pp. 97-98.

② Frelinghuysen to Osborn, *FRUS*, 1882, p. 4.

③ Frelinghuysen to Osborn, *FRUS*, 1882, p. 4.

的时候,这个时机就到来了,人们不再通过各种武装手段,而是通过国际仲裁来解决争端。"①可以发现,阿瑟政府并不全然反对美洲仲裁体系,只是对他们来说,时机尚未到来。

值得注意的是,弗里林海森在促进与拉丁美洲的联系上的基本立场是与布莱恩一致的,相较布莱恩利用仲裁体系与美洲国家联合的方式,弗里林海森更加倾向使用经济方式来加强这种联系。

"从外交史来看,密切的政治关系和友谊来自商业利益的联合……我担心如此仓促又没有先例的大会,在没有很好地准备的情况下,将不会得到什么有价值的成果。正如 1880 年哥伦比亚召集的大会。其次,这样一个大会的召开可能会让美国承担更多的责任,对那些更小和比较不发达的国家来说,他们可能会希望结成联盟从而要求美国的保护和防卫。从美国和这些国家的实力对比来看,美国必将承担更多的责任和义务,而这些都是美国不需要的……除此之外,在这样的会议中,甚至是最小的国家也能够发出平等的声音,这样反倒会降低我们国家的影响力,如果通过了什么我国无法接受的决议的话,最终结果就是会迫使美国成为整个大陆的保护者。"②弗里林海森认为,大会可能会让美国承担多余的责任。由此,他认为签订一系列的互惠条约,通过促进经济联系以密切国家间的政治关系是最好的方式。

然而,对布莱恩来说,一个美洲仲裁体系并不仅仅是维持西半球和平、促进与美洲国家联系的手段,最重要的是,这是他试着挽救自己的拉美政策的一次行动。通过保持西半球(新世界)的和平,或者更加明确地说,建立大部分美洲国家认可的仲裁体系,从近期来说,可以对墨西哥进行某种程度的施压,迫使墨西哥接受美国的仲裁,还可以为特雷斯科特的南美之行提供更多的支持。从长远来说,通过建立以美国为主导的仲裁体系,将大大减少拉丁美洲国家在领土争端事务上同欧洲之间的联系,从而形成美国所希望的美洲体系。从实际的效果来看,仲裁体系将是美国联合一些拉丁美洲国家,同时对另一些拉丁美洲国家施压,保持美洲大陆均势的一种有效手段。

随着新政府的上台,美国国内舆论发生了重大的变化。在赫尔伯特对智利的强硬表态后,美国国内对布莱恩的调解政策产生了许多批评,虽然有人认为这是表明美国对于领土割让的反对,③但是更多人认为如果美国支

---

①　James D. Richardson, *A Compilation of the Messages and Papers of the Presidents*, 1789 – 1902, Vol. 8, Government Printing Office. p. 131.

②　48th Congress, 1st session. *Senate Report*, No. 432, p. 1.

③　"Chili's Plans in Peru," *New York Times*, October 21, 1881, p. 2.

持赫尔伯特的行为,那么就意味着美国采取了为了强大自身而进行干涉和侵略的政策。[1] 另一方面,美国国内开始流传布莱恩与赫尔伯特对智利的强硬态度是因为利益相关的传言。[2] 随后牵扯出的腐败事件更是给布莱恩带来了无尽的麻烦。[3] 这也是新政府在调解拉美国家冲突的政策上采取了更为谨慎和保守的态度的原因之一。

特雷斯科特的南美之行最终以失败告终,即使美国在之后派遣了新的驻秘鲁和驻智利公使,做出了许多政策上的改变,但调解活动还是没有什么进展。10月20日,智利和秘鲁单独签订了《安孔条约》(Treaty of Ancón)。根据条约,秘鲁割让塔拉帕卡给智利,并将塔克纳和阿里卡两个地区交给智利管辖10年。1884年4月4日,智利又与玻利维亚签订了停战协定,玻利维亚不得不将安托法加斯塔省割让给智利,玻利维亚由此失去了出海口。

南美三国战争的影响是巨大的。战争破坏了南太平洋的力量平衡,秘鲁和玻利维亚开始衰落,而智利开始逐渐扩大影响。对美国来说,布莱恩时期向智利施压迫使其放弃对秘鲁领土要求的行为,以及阿瑟时期新任智利公使劝说秘鲁接受领土割让要求的行为,使智利和秘鲁国内都产生了反美情绪,[4]这些都对美国的美洲联合行动产生了重要的影响。

在墨西哥与危地马拉的边界冲突问题上,弗里林海森再一次清楚地表明,美国政府不会做出除仲裁之外任何的选择,而且即便是仲裁,也只是在双方都同意的情况下。在7月回复蒙杜法的文件中,弗里林海森说道,美国总统愿意在双方达成一致的基础上进行仲裁,而这个一致的基础就是墨西哥对于恰帕斯和索科努斯科的主权,但是美国对这种主权归属该如何达成并没有什么解释。[5] 双方最终绕开了美国,达成了和解,危地马拉放弃了对

---

① "Mr Blaine and His Foreign Policy,"*Washington Post*,December 1,1881,p. 2.

② The Neuer-Ending Clilian War: Wretched State of Affairs in Pena-Runwred Guano Job. *Washington Post*,October 8,1881,p. 1,1881年10月8日,《华盛顿邮报》登载了关于一个集团在赫尔伯特处活动,希望美国政府能够承担秘鲁的欠债,两个星期之后,《邮报》公开指责赫尔伯特是个爱管闲事的大忙人,是一家将拥有业务垄断的鸟粪公司的代理人。

③ 事实上,报道之后,布莱恩致电赫尔伯特,提出:"你绝不能用你的形象来帮助工商信贷公司(Credit Industriel)或者任何其他的财政或投机公司。"赫尔伯特则回复称他从没这么做也不会这么做。47th Congress,1st session,*Senate Doc. No*. 79,p. 545,pp. 547-562,p. 564.

④ Cornelius A. Logan y el Dr. Francisco Garcia Calderon,*Mediacion de los Estados Unidos de Norte América en la guerra del Pacífico*. Imprenta y Liberaia de Mayo,calle Peru 115,1884.卡尔德隆本人在书中表达了对美国的憎恨,还有其他许多秘鲁人也憎恨美国。

⑤ The Boundary between Mexico and Guatemala, 48th Congress, 1st session, *House of Representatives*,*Ex. Doc. No*. 154,No. 64,p. 171.

恰帕斯和索克努斯科的主张,两国都同意建立一个联合的科学委员会来解决争议领土的归属,最终避免了战争。讽刺的是,在没有美国干涉和介入的情况下,拉美国家间的冲突反而很快得到了解决。

从布莱恩的"老大哥政策"开始,美国为了扩张经济利益,开始积极介入拉丁美洲国家之间的争端,主张通过调解或者是仲裁的手段和平解决美洲国家之间的冲突,而美国将通过和平手段最终推进与拉丁美洲国家之间的关系,从而实现商业扩张。在美国的调解遭遇失败后,为了挽救美国的拉丁美洲政策,布莱恩发出了美洲和平大会的邀请,试图通过美洲国家共同合作来确立一个美洲仲裁体系,通过联合的力量来对墨西哥和智利施压。从长远来看,美洲仲裁体系是美国试图利用泛美主义来维持拉美力量平衡的行动,并且在 19 世纪 90 年代以后开始逐渐发展成为美国干涉拉丁美洲国家与欧洲国家之间的冲突的工具,而这种干涉不再限于和平手段。

第三章　经济合作下的美洲互惠贸易体系

布莱恩的美洲仲裁体系计划最终因加菲尔德总统的去世被打断,新任国务卿弗里林海森对布莱恩贸然介入美洲国家间的争端感到不满,也并不赞同与拉丁美洲国家进行政治合作。但是在扩大海外市场、发展与拉丁美洲国家之间的经济关系上,两届政府的立场是一致的,对阿瑟和弗里林海森来说,使用经济的手段显然更为明智。为了解决国内生产过剩及其所带来的一系列政治、经济和社会问题,新政府开始推动建立以美国为中心的美洲互惠贸易体系,倡导经济合作,从而与欧洲进行有力的竞争。美国对贸易体系的主导,实际上也是为了进一步扩大在拉丁美洲的影响力。虽然拉丁美洲国家此时在实证主义的影响下正进行自由主义经济的改革,积极引进外资,进行经济合作,但是美国在有条件最惠国待遇下的互惠政策却无法得到拉丁美洲国家的普遍支持,拉丁美洲国家的亲欧倾向与美国国内保护主义势力成为阿瑟政府推进互惠贸易政策的最大阻力。拉美国家对美国的警惕也促使他们在很多时候候引入欧洲的力量来节制美国,甚至在必要时寻求欧洲的道义支持和政治依靠。

第一节　弗里林海森互惠贸易体系政策的出台

从 1877 年开始,美国逐渐从 1873 年的经济危机中恢复,经济生产呈现出上扬的趋势。[①] 到了 1881 年,工业开始出现生产过剩的局面,农业生产在第二次工业革命所带来的工业化的影响下,产量得到巨大的提升,但是生

---

① Rendigs Fels,"The American Business Cycle of 1879—1885," *Journal of Political Economy*, Vol. 60, No. 1 (Feb. ,1952),p. 61.

产率的提高却并没有带来价格的上涨。① 由于供给远远大于需求，美国农业发展在很大程度上依赖于海外市场——尤其是欧洲市场的扩张。得益于持续了半个世纪之久的铁路发展所形成的发达交通网络，美国农产品得以更加顺利地进入世界市场。

在 19 世纪 70 年代欧洲连续遭遇农业歉收的背景下，美国农产品开始充斥欧洲市场。正是这一机遇，使美国从内战后遭受的经济危机中逐渐摆脱出来。到了 1880 年，农产品已占美国出口产品的 83.4％，1873 年到 1882 年间，美国小麦产量更是创下了历史新高，种植面积从 2900 万英亩增加到 4100 万英亩，出口数量也增加了三倍多。小麦种植主们 30％～40％ 的收入来自出口。② 1875－1880 年，美国棉纺织品出口相比前五年增加了三倍……③欧洲市场的需求与美国国内农业生产量，成为影响美国农产品价格的重要因素。"从长期来看，粮食价格的高低主要取决于中西部和美国之外的情况。"④

然而美国农产品出口的有利环境从 80 年代开始发生变化。虽然欧洲农业生产开始复苏，但是由于美国产品的低价优势，欧洲国家本土的农产品难以与美国的农产品进行竞争。以美国出口到德国的火腿为例，美国产的火腿每磅价格大约在 60 到 64 芬尼（1 马克＝100 芬尼）之间，而德国产的价格却在 1.05 到 1.10 马克之间。这种巨大的价格差异所带来的不利局面很快让德国的农民感到不满。⑤

根据沃尔特·拉夫伯（Walter LaFeber）所说，在 1873 年以后的大部分时间里，西方工业化世界都面临着经济危机的威胁。欧洲的困难同样来源于产量的提高和成本的降低、价格下跌、工人失业，且金融丑闻时有发生。仅 19 世纪 80 年代，法国的钢产量就增加了一倍，英国则增加了两倍，德国和美国更是增加了四倍之多。⑥ 欧洲经济危机使得贸易保护主义的情绪逐

① 美国农业发展供应过剩的原因是多样的：七八十年代的新一轮移民潮带来的更多的劳动力以及政府对于西部开拓的鼓励政策，使得美国农业在这一时期得到迅速的发展，而工业化所带来的技术进步更是提高了农业生产率。

② Milton Plesur, *America's Outward Thrust*, *Approaches to Foreign Affairs*, *1865－1890*, Northern Illinois University Press, 1971, p. 26.

③ ［美］孔华润主编：《剑桥美国对外关系史》，王琛等译，新华出版社 2004 年版，第 290 页。

④ ［美］乔纳森·休斯、路易斯·凯恩：《美国经济史》（第八版），杨宇光、吴元中、杨炯、童新耕译，格致出版社、上海人民出版社 2013 年版，第 334 页。

⑤ Louis L. Synder, "The American-German Pork Dispute, 1879－1881," *The Journal of Modern History*, Vol. 17, No. 1 (Mar., 1945), p. 28.

⑥ ［美］孔华润主编：《剑桥美国对外关系史》，王琛等译，新华出版社 2004 年版，第 296 页。

渐增强。1879 年,英国的一家媒体报道称:"美国的竞争将在哪里结束呢? 美国人正在威胁着我们的贸易……美国的锁具正在取代斯塔福德郡的,萨默塞特郡的苹果市场份额和德文郡的燃料市场份额也正在被美国所取代……即使是英国农业的耕作和收割都要使用美国产的机械。"①

同年,美国驻奥地利公使就向国务卿报告称,欧洲的保护主义正在逐渐增强。这点已经可以从奥地利立法机构的行动以及奥地利和几乎整个欧洲的商业条约谈判进程表明。奥地利不仅有新的关税保护条约,还与意大利和德国达成了新的商业条约。②

于是欧洲国家纷纷开始限制美国农产品的进口。这种限制最先反映在美国猪肉制品上。从 80 年代开始,包括西班牙、奥匈帝国、土耳其、罗马尼亚在内的多个欧洲国家开始禁止美国猪肉的进口。甚至在食品供给不足的 1879 年,意大利、葡萄牙和希腊就已经开始禁止美国肉类的进口。在英国驻费城领事向英国外交部提交的关于美国猪肉和猪肉制品报告的影响下,③对美国猪肉的恐慌持续地在欧洲蔓延,越来越多的国家开始限制甚至是禁止美国猪肉制品入境。1881 年 2 月 19 日,美国最大的猪肉出口国——法国——通过法令禁止进口美国猪肉。1881 年初,西班牙要求美国猪肉必须经过显微镜检查后才能进入西班牙,检查费用将从关税中收取。④ 奥地利在同年 3 月也禁止进口美国猪肉,但这个禁令更多是政治性的,因为奥地利自身也是猪肉出口国。⑤ 从 1882 年开始,美国对德国的肉类出口开始逐渐下降,美国请求德国修改法令的要求也遭到拒绝。⑥ 此后阿瑟总统几次邀请德国派遣委员会对美国猪肉进行检查以打消疑点,但都被德国拒绝。⑦

---

① Alfred E. Eckes, Jr., *Opening America's Market*, *U. S. Foreign Trade Policy Since 1776*, The University of North Carolina Press, 1995, pp. 59-60.

② Kasson to Evarts, *FRUS*, 1879, p. 40.

③ 1880 年 12 月 21 日,英国驻费城领事克伦普向英国外交部发送了关于美国猪肉和猪肉产品的报告。报告中提到,美国大部分的猪肉饲养区都有霍乱流行的情况。单是伊利诺伊州去年就已经有 60 万头猪死亡。因此克伦普认为目前食用美国猪肉是十分危险的。1881 年 2 月 19 日,伦敦《泰晤士报》刊载了这份报告,对于美国猪肉的问题进行详细描述。这份报告在欧洲广泛传播,进一步加剧了欧洲对于美国猪肉的限制。John L. Gignilliat, "Pigs, Politics, and Protection, the European Boycott of American Pork, 1879−1891," *Agricultural History*, Vol. 35, No. 1 (Jan., 1961), pp. 5-6.

④ Fairchild to Blaine, *FRUS*, 1881, p. 105.

⑤ Phelps to Blaine, *FRUS*, 1881, p. 56.

⑥ Everett to Frelinghuysen, *FRUS*, 1882, p. 158.

⑦ Sargent to Frelinghuysen, Frelinghuysen to Sargent, *FRUS*, 1883, pp. 328-329, pp. 335-336.

欧洲对美国农产品的限制使得美国农业开始面临困境。1882年,欧洲农产品大丰收,产量创下历史新高。欧洲市场对美国农产品的需求进一步下降,与此同时美国还面临来自俄罗斯、埃及和印度的竞争。苏伊士运河使印度和澳大利亚的谷物能够更加方便地到达西欧市场。谷物产品的价格开始下降,随之而来的是棉花价格的下降。铁路建设也在这一年达到了顶点。由于投资减少,铁路建设也开始退潮。正是在这一年,美国开始了长达四年的经济萧条期。[1] 铁路业和制造业削减了铁轨的订单,钢铁价格开始下降,银行和投资者纷纷抛售铁路股票和债券。铁路投资骤然萎缩。钢铁业工人开始了一系列的罢工。在超过三个月的时间内,有超过十万人被迫失业,工资停止上涨甚至开始下降。到1883年,工业开始变得萧条,农民开始难以糊口,金融业的恐慌导致铁路股票的抛售,经济情况进一步恶化。国内生产的过剩和欧洲市场的萎缩迫使美国不得不寻找新的海外市场,以缓和国内的经济和社会动荡。

然而,寻找新的海外市场意味着需要依靠双边的减税措施,也意味着美国需要对内战以来一直坚持的保护主义关税体系做出改变。仍然坚持保护主义立场的人认为这将会把国内的制造业暴露于外国竞争之下。除非谨慎处理,否则这种减税措施将会造成廉价商品涌入美国,从而降低工资,加剧消费不足的情况。

这样的逻辑让许多人的注意力都转向拉丁美洲,因为这里的产业恰好与美国形成互补,类似糖这样的商品是美国不能生产或者供给不足的。[2] 换句话说,与拉丁美洲国家之间的减税措施不会造成对美国国内产业的竞争,因为这里是初级产品和原料产区,对国内产业的影响将是最小的。

据统计,到19世纪,美国向拉丁美洲出口了将近700万美金的货物。其中的古巴虽仍在西班牙的统治下实行保护性的关税,但是却成为继英国和法国之后,美国的第三大贸易伙伴。到19世纪中期,美国已经取代西班牙成为古巴的头号贸易伙伴。数据显示,到19世纪80年代,古巴总产糖量的94%出口到美国,"事实上,古巴已经俨然处与美国的商业贸易联盟之中"。[3] 在当时的情况下,与拉丁美洲之间进一步扩大贸易往来似乎是最好

---

[1] Rendigs Fels,"The American Business Cycle of 1879—1885," *Journal of Political Economy*, Vol. 60, No. 1 (Feb. , 1952), p. 68.

[2] Lars Schoultz, *Beneath the United States*, *a History of U. S. Policy Toward Latin America*, Havard University Press, 1998, p. 85.

[3] Thomas M. Leonard, ed. , *Untied States-Latin American Relations*, *1850—1903*, *Establishing a Relationship*, The University of Alabama Press, 1999, p. 53.

的选择。许多拉丁美洲国家本身缺乏基础产业，只是出产原料，与美国刚好形成产业结构上的互补关系。

阿瑟入主白宫时，面临的就是如此严峻的经济形势。一方面，从1882年开始的经济危机带来了工业萧条，加之对欧洲的农产品出口骤减，美国不得不在欧洲之外寻找新的市场。地理上的邻近和以初级产品为主的出口模式使这一时期的拉丁美洲成了最好的选择。然而，美国在拉丁美洲地区却面临了来自欧洲国家的激烈竞争。另一方面，美国国内盛行的贸易保护主义对美国在拉丁美洲进一步打开市场造成了极大的障碍。

正如当时著名的经济学家和低关税倡导者戴维·埃姆斯·韦尔斯(David. A. Wells)提到的那样，智利从英国购买的棉花比从美国多得多，并不是因为英国产棉花的质量更好，而是因为当智利购买英国商品时，英国也会相应地购买智利的铜。正是这种互惠的贸易关系才导致英国与智利的贸易额远超美国。比起英国，美国的高关税使得智利和美国之间的交易变得非常有限，再加上美国和拉丁美洲之间没有直接的航运线，这些因素都导致贸易发展相对比较滞后。①

除了经济上的原因外，共和党与民主党的政治斗争也促使阿瑟政府更加注重和强调经济发展和对外贸易扩张。1882年，共和党在国会选举中大败。为了挽回共和党面临的颓势，弗里林海森和阿瑟也开始更加强调通过一个互惠贸易的体系来深化西半球诸国之间的贸易和联合。此外，由于中美洲国家控制了地峡运河地区的重要位置，因此美国的互惠政策还影响到了美国在运河问题上的主动权。

1884年，在回复关于请求国会拨款召开一次和平和商业大会的建议时，弗里林海森提出了他的互惠条约政策。比起召开所谓的和平大会，加强政治合作，从而促进经济合作，弗里林海森认为密切的政治关系基于商业利益的结合。他表示，召开一次所谓的和平商业大会并不能够取得什么有价值的成果，真正有效的计划应该是与中南美洲国家签订一系列的互惠条约，通过这些条约，美国也许能够得到有价值的回报，且不违反其他条约所规定的最惠国待遇，从而得到实质性的优惠和利益。②弗里林海森认为，只有互惠条约才可以帮助美国摆脱经济衰退的泥沼，促进与拉丁美洲国家之间的

---

① 9月27日，戴维·韦尔斯针对保护主义者对其在6日的倡导低关税的文章提出的几个问题进行了回击，再一次表达了他的低关税和开放市场的观点。"Trade and Dickers," *The Nation*, Vol. 25 (Sept. 27, 1877), pp. 194-196.

② 48th Congress, 1st session, *Senate Report*, No. 432, p. 2.

贸易,也可以避免其他欧洲国家通过最惠国待遇,间接地获得与美国同等的贸易优惠。为此,他反复劝说国会采取措施,与拉丁美洲国家签订互惠的商业条约。①

从美国贸易所面临的困难来看,互惠条约的优点是多样的。首先,互惠条约可以在有限地修改关税这一前提下,避免对美国的保护主义体系产生明显的影响,同时还可以为国内的剩余产品开辟新市场,保持国内的经济和社会稳定。其次,在政治上,互惠条约还可以平息民主党人对共和党所倡导的高关税政策的批评和攻击,在原则上维护高关税政策的同时,保持本党的竞选优势。最后,通过互惠条约而形成的互惠体系,可以将这些参与互惠体系的国家和美国的经济利益联系在一起,甚至纳入美国的经济体系之中。这种方式可以让美国在不需要承担直接的统治责任的情况下,对这个国家有一定的控制,从而进一步扩大美国在西半球的影响力。美国与美洲国家更加紧密的经济合作也将会为美国在运河问题上增加主动权。

阿瑟总统同样认可互惠条约的重要性。在任内最后一次的国情咨文中,他提出,美洲大陆上的国家和邻近的岛屿将成为美国天然的原料供应地和市场。阿瑟建议与这些国家结成一个关税同盟,为其提供辅助性的领事服务,结成泛美货币联盟,与他们达成有条件的最惠国待遇下的互惠条约,等等。②

当然,在国内保护主义情绪高涨的背景下,互惠条约自然不会推进得非常顺利。关税保护主义者们认为,互惠条约将破坏美国的保护主义体系,只不过更为隐蔽而已。他们认为,与其打开和拓展已经竞争激烈的海外市场,不如保护和开拓国内市场。③ 在反对声之外,弗里林海森的互惠条约体系政策得到了经济扩张主义者们的欢迎。对他们来说,拉丁美洲蕴藏着无限的贸易和投资机遇。

于是,从 1882 年到 1885 年间,在国务卿授权下,美国与拉丁美洲国家商谈了一系列的互惠条约,试图通过建立一个互惠条约体系,来促进美国和

---

① Mr Frelinghuysen to the Commissioners, *Message from the President of the United States Transmitting a Communication from the Secretary of State, Accompanied by the Final Report of the Commissioners Appointed to Visit the States of Central and South America*, January 12, 1886, Department of State, August 27, 1884, p. 6.

② Justus D. Doenecke, *The Presidency of James A. Garfield & Chester A. Arthur*, University Press of Kansas, 1985, p. 172.

③ Justus D. Doenecke, *The Presidencies of James A. Garfield & Chester A. Arthur*, University Press of Kansas, 1981, p. 168.

拉丁美洲国家之间的贸易，从而与欧洲国家进行有效的竞争，为美国的海外贸易拓展新的市场，最终扩大美国在西半球的影响力。除互惠体系之外，弗里林海森还积极提升外交和领事服务水平，向美国船舶发放港口信息，构建一个综合的金融体系。这一切都是为了更好地为一个贸易互惠体系服务。

与布莱恩不同，弗里林海森反对介入拉丁美洲国家之间的争端，希望通过建立一个美洲贸易互惠的体系来深化西半球的联合。

第二节　欧洲主义与美洲主义之间的抉择
——互惠政策下的拉美国家

拉丁美洲国家开展的自由经济改革也为美国的商业扩张创造了机会。独立战争结束后，围绕着建国理念，拉丁美洲国家内部不同的政治派系之间展开了激烈的思想论战和政治斗争。

一些崇尚欧洲资产阶级民主思想的人士坚持认为，应该废除殖民地时期的社会遗产。他们谴责享有特权的特殊利益集团，主张废除奴隶制度，实行自由贸易政策，削弱天主教会在国家政治和社会生活中的影响。以这些理念为核心，逐渐形成了一个要求在一定范围内进行改革的自由派集团。在他们的推动下，19 世纪中叶，拉美各国出现了广泛的革新运动。[1] 以对天主教会的处置方法为焦点，自由派和保守派形成了激烈的对峙。

自由派对教会提出了挑战。他们认为，教会控制着大量的财富，而国家迫切需要增加财政收入；教会有权向私人地产征收免役地租，致使农业发展滞后；教会的司法特权破坏了国家的权威；教会鼓励内部团结，这会使人民团结在教会而不是国家的周围；教会对教育的控制和对所谓的"异端"学说及书籍的谴责，实际上是对人民施加思想控制，将妨碍科学的进步；教会还反对宗教信仰自由，这将使得非天主教信仰的欧洲移民对南美洲望而却步，而这些人掌握的技术和资本对建设独立后的新国家却是迫切需要的。[2] 总的来说，教会是政治、经济和社会现代化的主要障碍。值得注意的是，自由派在消除天主教会的影响和推进政治机构建设的问题上，同美国的新教徒们有很多相同的观点。[3]

---

① 袁东振：《〈20 世纪拉丁美洲的保守思想〉一书介绍》，《拉丁美洲研究》1992 年第 3 期。

② 韩琦：《论拉丁美洲殖民制度的遗产》，《历史研究》2000 年第 6 期。这种观念在 19 世纪实证主义在拉丁美洲流行后更加得到了强化。

③ 这种共同的观念尤其表现在消除天主教的影响和推进自由派的政治机构建设的问题上。

　　同自由派对教会的种种抨击不同,保守派认为教会对维持社会稳定和维护国家权威至关重要。教会作为有凝聚力的社会纽带和政治动员的重要手段,是一个有用的机构。① 因此,他们反对改革,认为过于激进的改革会影响本就非常不稳定的多民族的统治制度,尤其是对教会财产和权力的收回将会影响社会稳定。

　　保守派们虽然也崇尚政治经济的进步,但是他们更加希望能够严格控制人民,维护自己的既得利益。这场斗争在阿根廷和智利分别表现为统一派与联邦派、新派与老派的对峙。在墨西哥、秘鲁等国又表现为联邦派与中央集权派的斗争。② 联邦主义者和中央集权主义者的派系斗争与 19 世纪主宰拉丁美洲政治的两股政治潮流——自由主义和保守主义——同时出现。拉丁美洲的精英们对于自由改革的不同观念,实际上代表了两种不同性质的民主类型。③

　　这个被称为“思想冲突和政治混乱的时代”一直持续到 19 世纪 60 年代。④ 在这之后,拉丁美洲的自由派们普遍掌权,终于开始推行他们的改革。

　　从 70 年代开始,拉美国家政治建设基本完成,开始进入现代化的起步阶段。由于在独立战争中英国支持拉美各国反对西班牙的斗争,其发展模式和取得的成就给这些受过欧洲教育或者曾到过欧洲的拉美人留下了深刻的印象。科学所带来的进步和欧洲国家所取得的巨大经济成就,使正面对本国混乱情形的自由派们看到了曙光。自由派们开始积极学习欧洲,彼时在欧洲流行的实证主义受到了拉美自由派的广泛欢迎。实证主义崇尚科学,强调物质进步,对那些想要与美国和欧洲进行经济竞争,并且为迫害土著居民和梅斯蒂索人寻求理论依据的人来说具有重要的意义。除此之外,实证主义的阶段理论对许多渴望进步以及在独立之后寻求国家定位的拉丁美洲国家来说,也具有非常大的吸引力。⑤

---

　　① 韩琦:《论拉丁美洲殖民制度的遗产》,《历史研究》2000 年第 6 期。

　　② 索萨:《拉丁美洲思想史述略》,云南人民出版社 2003 年版,第 135 页。

　　③ Thomas F. O'Brien, *Making the Americas, the United States and Latin America, from the Age of Revolutions to the Era of Globalization*, University of New Mexico Press, 2007, pp. 28-29. 自由主义者将美国视为典范,保守主义者则倾向于欧洲的君主立宪制。自由主义者赞同扩大民主的范围,保守主义者希望限制大范围的政治参与,害怕政治的开放会带来混论。双方都期望国家的经济变革,但在如何实现经济变革上有不同意见。保守主义者不愿意放弃像强制劳工这类殖民地制度。

　　④ 韩琦:《论自由主义对 19 世纪拉丁美洲的影响》,《世界近现代史研究》2004 年第 1 期。

　　⑤ Stephen Calogero, "Why Positivism Failed Latin America," *Inter-American Journal of Philosophy*, Vol. 3, Issue 1, June, 2012.

实证主义哲学思想最初由法国思想家孔德于 19 世纪三四十年代提出。孔德的三段分析法将人类历史发展分为三个阶段。第一阶段是超自然阶段。在这个阶段,万物只是被看作是神创造的,宇宙被看作是超自然力所为,拉美人把这个阶段看作是其殖民地时期,在这个阶段,天主教教义统领一切。第二个阶段被孔德称为形而上学阶段,和第一个阶段只有细微的差别,抽象和自然法的力量代替了超自然力。拉美人将这个阶段等同于其独立后的早期发展阶段,自然法哲学(例如卢梭的哲学思想)开始代替早先的天主教教义。第三个阶段是实证主义阶段。在这个阶段人类放弃了对神性、超自然力和形而上学解释的追求而强调科学法则,认为科学法则将统领宇宙和所有社会现象的行为。拉美学者将这个阶段看作是从 19 世纪 70 年代开始更为理性主义、现代化和科学的阶段。[1] 这种三段分析法及其"只有加强秩序,才能实现重大的进步"的核心思想,对一大批拉美精英产生了巨大的吸引力。因此,实证主义理所当然地为拉美知识界和政界人士所接受。实证主义的传播遍及了整个拉丁美洲。[2]

欧洲的物质成就使许多欧美的自由主义者们认为,实证主义所倡导的科学与秩序是社会进步的良药。受实证主义的影响,掌权的自由派精英们认为,要尽可能充分地吸收外国资源,包括投资、管理技术以及大规模的移民。他们认为,国家现在面临的是文明和野蛮的斗争,必须由精英们推进物质发展进程。许多实证主义者甚至认为,只有通过大规模的移民才能提高本国人口中欧洲血统的比例,从而提高人口素质,形成现代社会。[3]

由于缺乏资金和技术,拉美国家的统治阶层不得不与欧洲国家合作。于是来自英国、法国、荷兰、德国、意大利的资本纷纷流入拉丁美洲。欧洲国家开始进入所谓贸易和投资的非正式帝国主义时期。而拉丁美洲逐渐形成了以出口为主的依附型经济模式。[4] 这种情况与当时美国的对外扩张趋势相结合,形成了 19 世纪后半期美拉关系的主要背景,为美国在拉丁美洲的

① 孙若彦:《独立以来拉美外交思想史》,人民出版社 2015 年版,第 64 页。

② 与欧洲因为科学进步而产生实证主义不同,拉丁美洲是因为实证主义的影响才开始崇尚科学。而且实证主义在拉丁美洲因各国的不同需要产生了许多变体。巴西主要受到法国的孔德的影响,乌拉圭受到英国的斯宾塞的影响。由于国家特性和历史不同,拉丁美洲国家对实证主义的认识也不尽相同。Arturo Ardao, "Assimilation and Transformation of Positivism in Latin America," *Journal of the History of Ideas*, Vol. 24, No. 4 (Oct. —Dec. , 1963), pp. 515-522.

③ Thomas F. O'Brien, *Making the Americas, the United States and Latin America, from the Age of Revolutions to the Era of Globalization*, University of New Mexico Press, 2007, p. 50.

④ D. C. M. Platt, "Dependency in Nineteenth-Century Latin America: An Historian Objects," *Latin American Research Review*, Vol. 15, No. 1 (1980), p. 124.

扩张创造了机会。

墨西哥与中美洲加勒比地区由于地理上与美国邻近,成为弗里林海森最先推进互惠体系的目标地区。比起与遥远的需要借助欧洲航线进行贸易的南美洲,这两个地区显然与美国更为接近。墨西哥即将通过铁路与美国直接连接,为这种贸易带来了更大的便利。除此之外,美国和这两个地区的贸易状况也决定了互惠条约在这里推行的难度较小。随着欧洲甜菜产业的发展,加勒比地区作为主要的糖产区,其糖类出口开始更依赖美国。受到经济危机的影响,加勒比地区国家不得不通过互惠条约的形式来保住他们出口糖业的最后市场——美国。另一方面,当时的拉丁美洲国家所实行的关税基本上处于较高水平。如果以糖、咖啡和烟草这些严重依赖美国市场的产品出口为筹码,将会使得美国在贸易谈判中掌握主动权,更有可能获得非常优惠的税收条件。从这个角度来看,互惠条约已经具有了帮助美国扩大市场之外的功能,即使经济上依赖于美国的拉丁美洲国家不得不与美国捆绑,甚至成为美国的附庸。

80年代,美国国内保护主义情绪高涨,对于关税问题的争论已经成了两党重要的政治资本。阿瑟和弗里林海森都是共和党人出身,在关税问题上,自然很难与持保护主义立场的绝大部分共和党人对抗。因此,在推行互惠条约的过程中,弗里林海森必然不愿意触及比较核心的利益。墨西哥和中美洲加勒比地区是美国主要的糖类进口来源地。同时,在80年代,美国国内糖类产业的游说者们处于相对弱势的地位。[①] 因此以进口糖类制品的免税来换取美国商品的贸易优惠,遭到的反对声音会相对较小。

从国家安全的角度来看,加勒比地区的关键地理位置对美国的国土安全也有重要影响。对加勒比地区的控制将能有效捍卫美国的南部海岸,更加现实地保护美国的贸易通道,使其免受欧洲统治的影响,保证美国能够顺利地进入南美洲和太平洋地区。

从1881年开始,美国陆续与墨西哥、西班牙、英国、萨尔瓦多、危地马拉、哥伦比亚等国进行了互惠条约的谈判。[②] 到1884年底,美国仅与墨西哥、西班牙和多米尼加签订了互惠条约。然而美国国内强烈的反对声使得

---

① H. Parker Willis, "Reciprocity with Cuba," *American Academy of Political and Social Science*, Vol. 22, The United States and Latin America (Jul. 1903), pp. 129-147.

② 美国与古巴和波多黎各的互惠条约谈判对象是西班牙,与西印度群岛的互惠条约谈判对象是英国。

条约在国会遭遇阻碍。[1]

单从已签订的互惠条约来看，美国显然得到了更多的优惠。在与墨西哥的条约中，美国同意将28种墨西哥商品加入免税清单，包括咖啡、新鲜的热带水果等。作为交换，墨西哥同样将73类美国商品放入免税清单。其中大部分都是工业品，如农具、铁轨、蒸汽机、电缆，等等。[2]

在与西班牙的互惠条约中，美国将32种古巴和波多黎各产品列入免税清单。其中大部分是农产品。作为交换，西班牙将56种美国商品列入免税清单，包括生铁、熟铁、机械、棉花、羊毛和木材。另外，西班牙还对更多种类的美国商品采取了减税，降低了歧视性的旗帜税。最后，条约中还确认了对在古巴的美国财产的保护。十年战争中，美国商人遭受了巨大的经济损失。从条约来看，美国基本上对古巴和波多黎各三分之二的商品给予免税优惠，但是对烟草仍然维持了50％的税率。[3]

在与多米尼加的条约中，美国同意将29种多米尼加产品放入免税清单，包括烟草和精糖（虽然这两样都不是多米尼加的重要产物）。作为交换，多米尼加同意将68种美国商品加入免税清单，并且同意对其他的一些商品——包括棉、毛织品以及亚麻纺织品——降低约25％的关税。最惊人的是多米尼加同意将美元作为其在国际贸易中的结算货币使用。[4]

在美国与这些国家进行协商的过程中，最惠国待遇成为双方争执的焦点。即使是接受了美国有限最惠国待遇条约的国家，对这点也并不满意。同时，在互惠贸易中做出的巨大让步在美国和拉丁美洲国家内部都引起了巨大的反对。

以墨西哥为例，回顾历史上的美墨关系，双方之间的交往并不和谐。1846年的美墨战争之后，双方之间时常发生摩擦。1876年，独裁者迪亚斯（Porfirio Diaz）通过政变上台，取代马克西米连政府，使墨西哥在外交上陷入了孤立无援的状态。美国政府向墨西哥的迪亚斯政权提出了苛刻的承认条件：美国政府要求一次性支付由1868年7月4日协定创立的混合委员会所判定的要求款项；支付诺里亚和图斯特佩克两次反叛期间给美国国民个

① David M. Pletcher, *The Awkward Years*, *American Foreign Relations under Garfield and Arthur*, University of Missouri Press, 1962, p. 305.

② Message from the President of the United States Transmitting a Treaty of Commerce Concluded on the 20th Day of January, 1883, as Amended, Between the United States and Mexico, February 7, 1883, 47th Congress, 2nd session, *Confidential Executive A*, pp. 1-11.

③ 48th Congress, 2nd session, *Senate. Executive E*, p. 1.

④ 48th Congress, 2nd session, *Confidential Executive D*, pp. 1-2.

人和国家利益造成损害和损失的赔偿费；墨西哥应承诺，不可避免的贷款不得损害美国公民的利益；取消妨碍美国公民在边境地区获得不动产的法律规定；废除"自由区"①；同意借助美国军队"自由进入墨西哥境内以捉拿和惩罚扰乱边境安宁者"，实现"边界安定"。② 墨西哥别无选择，只能接受。

同美国的交往使墨西哥政府感到必须尽早恢复与欧洲的外交关系，以避免只能与美国交往的危险局面。1880 年，墨西哥与法国和德国重新建交，英国也开始逐渐修复和墨西哥的关系。马克西米连政府时期的外交困局开始逐渐得到改善。

这一时期的拉丁美洲国家普遍受到实证主义的影响，认为只有开放国内市场才能促进经济发展，使国家富强。在经济顾问马蒂亚斯·罗梅罗（Matias Romero）的影响下，独裁者迪亚斯开放了墨西哥的国内投资，希望借助外国资本的力量建设纵贯墨西哥的铁路和电报线路，来推动墨西哥的现代化建设（虽然这很大程度上也是因为墨西哥政府财政空虚）。为了吸引美国的投资，罗梅罗甚至派遣代表前往美国进行宣传。虽然美国驻墨公使约翰·福斯特（John Foster）指责墨西哥的宣传忽视了种种投资风险（例如动荡的政治环境），③但是对于等待了许久的美国商人们来说，墨西哥仍然具有非常大的吸引力。他们认为，墨西哥潜藏着丰富的未被开发的资源，正在等待着资本的投入，以产生巨额的利润。④ 大量的美国资本纷纷涌入墨西哥，投资于铁路和矿产行业。

然而在墨西哥国内，对美国的警惕使墨西哥人对这些资本并没有多少感激。报纸上充斥着告诫人们警惕美国的消息。出于对美国的防备，墨西哥政府同意巴黎的法-埃银行（Franco-Egyptian Bank）在墨西哥建立分行，尽管后者提出的条件远不如美国资本那样丰厚。墨西哥报纸评论称这个决定清楚地表明了国家的态度。"我们长久以来都在渴求着这种保护，这也是唯一可以把我们从危险的状况中解救出来的方法。在欧洲银行的庇护下，欧洲资本家们将会来到这里，建立有用的产业。"⑤与美国相比，墨西哥显然更愿意拥抱来自欧洲的资本。

1881 年互惠条约提出后，墨西哥总统冈萨雷斯认为与美国的互惠条约

① 即墨西哥所谓的免税区，但是在美国看来是走私的中间站。
② 刘文龙：《墨西哥通史》，上海社会科学院出版社 2008 年版，第 220 页。
③ David M. Pletcher, "Mexico Opens the Door to American Capital, 1877 — 1880," *The Americans*, Vol. 16, No. 1, Jul. 1959, p. 7.
④ "Annexing Mexico,"*Chicago Tribune*, July 15, 1878, p. 4.
⑤ Morgan to Blaine, *FRUS*, 1881, p. 805.

将损害在墨西哥的欧洲商人的利益，美国还可能对墨西哥提出领土要求。①

　　与此同时，墨西哥国内对条约内容也并不满意。对于美国所认为的通过商业合作可以促进两国关系发展的目标，墨西哥显然不感兴趣，其中当然有许多历史原因。而美国对墨西哥和危地马拉争端进行干涉时采取的不公平立场和施压也令墨西哥感到不满。在签订了条约不久之后，知名墨西哥报纸《十九世纪》(*El siglo diez y nueve*)就引用了另一份墨西哥报纸的发言，认为这个条约是美国兼并主义的掩护和借口。随后几个月内，墨西哥的报纸媒体都以相同主题发表各种文章，还有许多报纸以腐败和反美主义的论调发表文章。②

　　事实上，由于罗梅罗的宣传，一开始条约确实在墨西哥受到了欢迎。但是随后很多人意识到，将烟草和糖放入免税清单中并不会使墨西哥受益，因为墨西哥的烟草业和制糖业规模很小，条约所规定的短暂时间根本无法让墨西哥的烟草业和糖业得到充分的发展。相反，条约却会使美国的精糖大规模地进入墨西哥，这对墨西哥国内的糖制造者们来说将是毁灭性的打击。同时，美国工业品的流入无疑将延缓墨西哥经济的多样化发展。从这个意义上来说，美墨条约实际上已经违背了墨西哥希望实现现代化的初衷。许多人认为这不过是为了缓和墨西哥对并入美国的抵制情绪。③

　　1885年，墨西哥国会提高了关税税率。1886年至1889年间，墨西哥和法国、英国、日本都缔结了有利的商业条约。虽然1883年墨西哥国会也批准了与美国的互惠条约，但数月以后就改变了立场，批准了给予德国最惠国待遇的另一项条约，实际上就是对德国也降低了关税，使美国通过条约得到的许多单方面利益不再特殊。美国大使对此表示强烈的抗议，德国驻墨公使则直截了当地警告冈萨雷斯，如果不遵守同德国签订的条约，就会危及墨西哥同所有欧洲国家的关系。④　至此，美墨条约已然无法推进。需要指出的是，虽然墨西哥最终接受了美国的有限最惠国待遇条款，但是这也主要是

---

　　①　David M. Pletcher, *The Awkward Years*, *American Foreign Relations under Garfield and Arthur*, University of Missouri Press, 1962, p. 183.

　　②　David M. Pletcher, *The Awkward Years*, *American Foreign Relations under Garfield and Arthur*, University of Missouri Press, 1962, pp. 187-188.

　　③　*Reciprocidad Commercial Entre Mexico y los Estado Unidos*, Mexco. Oficina Tip De La Secretaria De Fomento Calls De San Andres Num. 15, 1890, Segunda Parte. 事实上，墨西哥人的这种怀疑在美国与西班牙谈判商业互惠条约时已经完全被证明了，美国代表福斯特认为当古巴成为美国的经济附庸时，将古巴并入美国不过只是时间问题。

　　④　[英]莱斯利·贝瑟尔主编：《剑桥拉丁美洲史第5卷(约1870—1930)》，胡毓鼎等译，社会科学文献出版社1992年版，第22—23页。

因为就墨西哥国内来讲,美国与其他欧洲国家的冲突并不大。英国的势力基本上在墨西哥中部和南部地区,美国则主要在北部发展。①

最惠国待遇使墨西哥站在了选择欧洲还是美国的十字路口。在加勒比地区,这种情况更为突出。美国在与西班牙和英国的互惠条约中都提出了有条件的最惠国待遇,但是西班牙并不愿意因为两个殖民地而放弃与欧洲其他国家之间的经济联系。英国的情况也是如此。

古巴和波多黎各作为西班牙的殖民地,其制糖业严重依赖美国市场。②随着欧洲甜菜产业的发展,古巴糖类的利润持续下降,加上美国对西班牙实行的报复性关税和经济危机的影响,古巴的经济岌岌可危,美国市场对古巴来说显示出更为突出的重要性。在这样的情况下,古巴向西班牙政府请愿,希望能够和美国签订商业条约,以拯救其糖产业。对刚从十年内战的泥沼中挣脱出来的西班牙政府来说,签订这样的条约并不容易。

西班牙政府一方面担心古巴的反叛余波,另一方面也害怕互惠协定将会进一步弱化古巴与宗主国的关系,而与美国之间更加密切的经济联系会使美国最终兼并古巴。毕竟美国在 19 世纪上半期就有兼并古巴的野心,还提出了所谓的“熟果理论”。③ 因此,虽然美国代表在西班牙受到了热烈的欢迎,但是西班牙上层对与美国签订商业条约并没有多少兴趣。而美国方面则希望能够以糖的进口关税为筹码,与西班牙签订互惠条约,减轻沉重的关税负担,④为美国在这一地区的商业活动扫除障碍。

由于西班牙政府对古巴问题的疑虑以及西班牙内战的影响,美国代表与西班牙政府之间的谈判一直无法正式展开。最终在 1883 年年底,以关税报复为威胁,美国谈判代表约翰·福斯特成功使西班牙首相安东尼奥·卡

---

① [英]莱斯利·贝瑟尔主编:《剑桥拉丁美洲史第 5 卷(约 1870—1930)》,胡毓鼎等译,社会科学文献出版社 1992 年版,第 32 页。

② 即使是在美西双方都是提高关税的情况下,美国与古巴之间的贸易额也远超其与宗主国之间的贸易。据统计,1882 年,美国与古巴之间的贸易额达到了 82585476 美金,而古巴和西班牙之间的贸易额仅有 12674157 美金。从事实上来说,虽然古巴和波多黎各属于西班牙的殖民地,但是制糖业作为古巴的主要行业却严重依赖美国市场,从 1879 年的数据来看,美国每年从古巴进口约 500 万美金的糖。C. C. Andrews, "Our Commerce with Cuba, Porto Rico, and Mexico a Look at the Growing Distance between the United States and Some of Its Closest Trading Partners, and Ways to Bridge that Divide," *Atlantic Monthly*, Vol. XLIV, July 1879.

③ Michael J Devine, *John W. Foster: Politics and Diplomacy in the Imperial Era, 1873−1917*, Ohio University Press, 1981, p. 31.

④ 美国与西班牙此时都向对方实行报复性关税。另外,值得注意的是,西班牙对美国加强与拉美国家联系也保持警惕的态度,甚至组织了西班牙领导的泛伊比利亚联盟。

诺瓦斯·德尔·卡斯蒂略（Antonio Canovas del Castillo）同意将美国商品从古巴差别性关税清单中的第四栏移到第三栏，这意味着美国商品将享受30％到60％的减税优惠。另外，西班牙方面还同意取消对美国商品的差别性税收，包括大部分的领事签证费。相应的，福斯特承诺美国政府将移除对西班牙的报复性关税。①

西班牙政府决定将该协议草案提交至立法机构进行讨论。同时为了保证美国关税的废除，西班牙外交大臣于2月13日和福斯特签订了一个临时协定，将双方之前达成的条件囊括其中。② 然而这个临时协定在西班牙引起了轩然大波，西班牙的小麦种植主们、磨坊主们举行公开集会抗议这个条约。他们认为如果没有高关税的保护，他们将无力和美国在古巴的面粉市场进行竞争。③ 英国也对美国从墨西哥处获得的优惠关税感到警惕并表示密切关注，同时加拿大方面请求英国政府为加拿大争取同样的优惠条件。④

从8月到11月，福斯特和西班牙方面举行了多次会议对双方的互惠条约进行讨论。⑤ 福斯特提出了西班牙应该接受条约的三个理由：首先，互惠条约将缓解古巴对西班牙的不满情绪；其次，如果西班牙不接受美国提出的互惠条件，那么导致的结果很可能就是美国与其他国家的互惠协定最终会毁灭古巴和波多黎各的经济；最后，谈判的失败还会引起美国国内的不满和怨恨，最后无可避免地影响到两国之间的友好关系，使西班牙目前的政治状况更加恶化。⑥

与美墨互惠条约一样，福斯特也开始担心西班牙将互惠条约延伸至其他欧洲国家。事实证明，这种可能是存在的。就在福斯特达成临时协议之后不久，英国公使就向西班牙政府提出抗议，指出英国一直以来都没有限制西班牙商品进入英国，西班牙也不应该限制英国商品的进入，就像它向美国

---

① Foster to Frelinghuysen, *FRUS*, 1884, pp. 471-472.

② Foster to Frelinghuysen, *FRUS*, 1884, pp. 472-473, pp. 477-480.

③ 由于古巴和波多黎各不适宜种植小麦，而西班牙国内的种植方式也非常落后，因此这两个岛的小麦绝大部分来自美国。C. C. Andrews, "Our Commerce with Cuba, Porto Rico, and Mexico a Look at the Growing Distance Between the United States and Some of Its Closest Trading Partners, and Ways to Bridge that Divide," *Atlantic Monthly*, Vol. XLIV, July 1879.

④ David M. Pletcher, *The Diplomacy of Trade and Investment： American Economic Expansion in the Hemisphere, 1865 — 1900*, University of Missouri Press, 1998, p. 291.

⑤ John W. Foster, *Diplomatic Memoirs*, Vol. I, Houghton Mifflin Company, 1909, pp. 257-258.

⑥ Michael J Devine, *John W. Foster： Politics and Diplomacy in the Imperial Era, 1873 — 1917*, Ohio University Press, 1981, p. 33.

允诺的那样。① 与此同时,德国也对美西两国的协议表示抗议,并提出在西班牙与德国更早签订的商业条约中,就已经包含了最惠国待遇的条款,这就意味着西班牙也应该给予德国与美国同等的关税优惠。这使得西班牙不得不考虑德国的抗议。8 月 28 日,西班牙发布皇家法令,给予德国与美国一样的无差别关税优惠。②

西班牙给予德国最惠国待遇的条件是美国所不能接受的,这意味着美国所获得的贸易特惠不再具有优势。于是,福斯特与西班牙代表就此问题进行讨论与谈判。最终双方同意,这种最惠国待遇需要在满足相关条件下才能被给予,即有条件的最惠国待遇。美国还是做出了一定的让步。西班牙认为,这样的条件可以被德国所接受,不再会引起纷争或抗议。美国所担心的问题终于在双方的妥协下解决。③

在与多米尼加的谈判中,弗里林海森坚持美国对于有条件最惠国待遇的解释,即美国所享有的优惠将是独有的,不得扩展至欧洲国家。多米尼加驻美公使曼努埃尔·德·赫苏斯·加尔万(Manuel de Jesús Galván)很快表示同意。从多方面来说,多米尼加政府比西班牙政府更轻易地接受了美国的条件。

5 月 28 日,在与英国就西印度群岛的互惠贸易谈判中,英国外交大臣格兰威尔伯爵(Lord Granville)指示英国驻华盛顿公使萨克维尔·韦斯特男爵(Sir Lionel Sackville West)向弗里林海森指出,美国商品实际上已经在西印度群岛享受了最惠国待遇,因此要求美国将新的关税税率扩展至西印度群岛的出口商品也是合理的。④ 对此,弗里林海森回复称,美国签订互惠条约的目的并不是为了保证美国的最惠国待遇,而是为了确保美国享有的贸易特权不被其他竞争对手所享有。因此,如果英国希望美国能够将一些西印度群岛的商品加入免税清单的话,那么英国政府需要将当前影响美

① Correspondence Respecting the Commercial Convention Concluded Between Spain and the United States Relative to the West India Trade, *Great Britain*, *Session Papers*, 1884, Vol. 83, pp. 2-3.

② David M. Pletcher, *The Diplomacy of Trade and Investment: American Economic Expansion in the Hemisphere*, 1865—1900, University of Missouri Press, 1998, p. 296.

③ John W. Foster, *Diplomatic Memoirs*, Houghton Mifflin Company, 1909, Vol. I, p. 258.

④ Granville to West, Correspondence Respecting the Negotiation of a Treaty Begulating Trade between the British West India Colonies and the United States, *British and Foreign Papers*, 1885—1886, Vol. 77, pp. 305-306.

国与西印度群岛贸易的关税取消。①

1884 年 11 月 7 日,韦斯特向弗里林海森提出,西印度群岛以及英属圭亚那愿意对 9 种美国农产品废除进口税,以换取西印度群岛的糖产品自由进入美国,在可能的情况下,还可以增加一两种美国产品。② 弗里林海森在浏览了英国的草案后,表示可以开启双方的谈判,并且于 12 月 4 日向韦斯特提交了美国的互惠条约草案。条约显示,美国愿意给予西印度群岛的糖免税进入美国的优惠,作为交换,希望英国能够将一些美国产品比如煤、木材、机械以及一些纺织品加入免税清单,同时美国还坚持其对于有条件的最惠国待遇的解释。③

虽然意识到了美国人正试图通过商业利益将西印度群岛吸纳到美国,④但是韦斯特仍然表示对条约满意,认为这些条款对于群岛来说是唯一的希望,因为如果与西班牙和多米尼加的条约在参议院通过的话,那么英国殖民地将被真正地冷落。⑤ 但是在回信中,格兰威尔表示,鉴于目前西印度群岛已经存在的与其他国家的商业条约,英国无法接受美国提出的在英属西印度群岛享受最惠国待遇并且不再将这种特权给予其他国家的条件。⑥

美国的有条件的最惠国待遇要求签订条约的拉丁美洲国家不得将这些关税优惠扩展至其他国家,这引起了许多与拉丁美洲国家有商业协定的欧洲国家的不满与抗议,最终导致这些已经与欧洲有着重要经济联系的国家不得不在欧洲与美国之间做出抉择。但是,美国显然高估了自身在拉丁美

---

① West to Granville, enclosure, Correspondence Respecting the Negotiation of a Treaty Regulating Trade between the British West India Colonies and the United States, *British and Foreign Papers*, 1885 —1886, Vol. 77, pp. 306-308.

② West to Frelinghuysen, Correspondence Respecting the Negotiation of a Treaty Regulating Trade between the British West India Colonies and the United States, *British and Foreign Papers*, 1885 —1886, Vol. 77, pp. 311-312.

③ West to Granville, Correspondence Respecting the Negotiation of a Treaty Regulating Trade between the British West India Colonies and the United States, *British and Foreign Papers*, 1885 — 1886, Vol. 77, pp. 312-323.

④ West to Granville, Correspondence Respecting the Negotiation of a Treaty Regulating Trade between the British West India Colonies and the United States, *British and Foreign Papers*, 1885 — 1886, Vol. 77, pp. 312-323.

⑤ Paul Knaplund and Carolyn M. Clewes, ed. , "West to Granville, December 8, British Embassy From the British Embassy in Washington to the Foreign Secretary Lord Granville, 1880 — 1885," *American Historical Association of the Year 1941*, Vol. 1, pp. 179-180.

⑥ Granville to West, Correspondence Respecting the Negotiation of a Treaty Regulating Trade between the British West India Colonies and the United States, *British and Foreign Papers*, 1885 — 1886, Vol. 77, pp. 325-330.

洲的影响力,许多国家并不愿意接受美国的有条件的最惠国待遇。对大多数拉丁美洲国家来说,彼时的它们仍然对欧洲有更多的好感。这种美洲主义与欧洲主义之间的抉择实际上也反映出了美国与欧洲在拉丁美洲竞争的现状。

以墨西哥为例,虽然美国在墨西哥进行了大量的投资,但是墨西哥更有亲欧洲的倾向。墨西哥总统波菲里奥·迪亚斯尽一切努力帮助推动欧洲人的投资,而不像对美国人那样予以种种限制。直到 19 世纪末,墨西哥都只给欧洲投资者提供贷款,并对欧洲银行家专门给予银行业贷款。墨西哥新统治阶级的财富来源,除了土地之外,便是充当外国公司的中介人。这一新兴阶级中最有发言权的部分便是被称为“科学派”(Los Cientos)的人士。这一包括金融家、技术官僚和知识分子在内的集团是由迪亚斯政府的内政部长曼努埃尔·罗梅罗·鲁维奥集合起来的。墨西哥这一统治阶级的最突出特征之一,便是他们的亲欧洲倾向。他们认为欧洲的支持对于维护墨西哥的独立是至关重要的。另一方面也是因为欧洲人在墨西哥的势力相对薄弱,更愿意对墨西哥人做出让步。①

虽然美国从很早开始就试图以西半球理念来团结拉丁美洲国家,并以美洲体系的形式来呈现,但是从 19 世纪中期开始,西半球理念下的两块大陆却开始逐渐分离,拉丁美洲开始逐渐意识到他们与欧洲的联系,并且这种意识在 19 世纪后半期逐渐加强。②

第三节　美国国内对于互惠条约的持续争论

在 19 世纪 80 年代关税之争愈演愈烈的情况下,互惠条约无疑将会引起美国国内的热烈讨论,尤其这一系列的条约都在 1884 年这一选举年签订。从出口结构来看,美国出口的大部分商品都是农业产品和机械产品。因此,互惠条约虽然获得了农场主们的支持,但是其他的工业制成品却无法在仍然采用落后生产手段的墨西哥和加勒比地区获得市场,因此条约无法得到许多工业家们的支持,而工业家们的政治势力又要远远大于代表农业

---

① 〔英〕莱斯利·贝瑟尔主编:《剑桥拉丁美洲史第 5 卷(约 1870—1930)》,胡毓鼎等译,社会科学文献出版社 1992 年版,第 57 页。

② Whitaker, Arthur Preston, *The Western Hemisphere idea: Its Rise and Decline*, Cornell University,1954,p. 59.

利益的政治家们。这也就意味着,互惠条约无法获得美国国内大部分人的支持。许多保护主义者们坚持认为,美国经济在这一个世纪所获得的发展都是得益于贸易保护体系,而出产产品单一又严重依赖于美国市场的中南美洲国家,对美国来说并没有太多意义。互惠条约带来的只能是美国与这些国家之间不平衡的贸易关系。支持低关税的人认为,低关税将增加贸易,带来繁荣。正如约翰·泰勒·摩根(John T. Morgan)所说,美国人需要有平等的机会进入所有购买美国商品的潜在国家,美国的商品也将比任何国家的更便宜、更好,这样美国才能够得到繁荣。而高关税则会使物价上升,保护没有竞争力的工业。低关税还能帮助农民,允许农民能够以更低的价格买到工业产品,同时将农产品卖到国外去。

以美墨条约为例,作为美方谈判代表的前总统格兰特①认为,这个条约将会为两国带来巨大的商业利益。铁路线的延伸将使美国商人们能够更加方便地将国内的剩余商品销往墨西哥,美国将最终取代欧洲在墨西哥的经济影响。互惠条约的支持者摩根也认为条约的签订意味着美墨携手展开了新的伟大事业,两国之间的合作将成为民主合作的典范。②

反对派们则更为详细地列举了反对的理由:首先,从关税损失上来说,美国比墨西哥牺牲了更多的关税收入。其次,反对派们认为从长远来看,这种关税条件将给美国国内的某些产业带来毁灭性的影响,比如糖和烟草。虽然从墨西哥进口的糖和烟草只占非常小的份额,但路易斯安那的制糖业主们仍以此反对与墨西哥的互惠条约。他们还提出,美国向墨西哥开放了巨大的市场,提供给墨西哥的贸易价值远超于世界上的其他国家。但美国没有享受到任何特权,至少没有享受到那些墨西哥已经提供给其他欧洲国家的特权。相反,根据条约的第五条,墨西哥可以通过与其他国家协商条约来改变其进口关税,这也就意味着美国在互惠条约下所享有的特权随时都会消失。事实上这种疑虑是正确的,就在美墨双方在条约上签字的一个月前,墨西哥就同德国签订了类似的商业条约。

除此之外,虽然条约中规定对美国的机械仪器实行关税优惠,但是对仍然以传统的人力劳作为主要生产方式的墨西哥来说,机械的需求是非常有限的。换而言之,墨西哥根本无法为美国的这些机械仪器提供市场,因此美

---

① 由于格兰特彼时正在一家铁路公司就职,因此许多反对意见认为与墨西哥的条约是格兰特等人以美国的关税利益换取墨西哥的铁路合同的交易。

② John T. Morgan, "Mexico," *The North American Review*, Vol. 317, No. 318 (May, 1883), pp. 409-418.

国所获得的这部分优惠对墨西哥来说根本毫无影响，美国反而为了这些无用的优惠付出了许多商业上的牺牲。另外，墨西哥政府的不稳定和腐败也不能保证条约的顺利实施。[①]

反对派们还从法律的角度提出，与墨西哥的条约违反了宪法。因为根据宪法规定，有关关税的问题只能由国会进行谈判，行政机构并无此权力，而且正式的条约实施也必须由国会的法案支持。[②]

即使支持条约的人指出墨西哥是连接美国和中南美洲的大门，拒绝与墨西哥的条约意味着拒绝门罗主义，使这样拥有丰富资源和发展潜力的国家转向欧洲，[③]但国会内部反对的声音仍然占了主流。

与西班牙的条约也遭遇了相同的命运。反对者们认为，与西班牙的互惠条约缺少物质基础，并且认为它将为更多的低关税改革提供先例。其中对古巴糖和烟草的免税更是遭到了国内相关业者的反对。由纽约商业协会发起的反对此条约的宣言，仅仅在两天之内就得到了超过六百名杰出商人的签名。这些人认为美国在糖和烟草上的让利，将对国内的糖和烟草行业造成毁灭性的打击，还会使成千上万的人失去工作。比起这样的牺牲，所谓为美国产品打开市场的代价是不值得的。[④] 与对墨西哥条约的反对意见一样，许多人认为古巴的购买力不值得美国以低关税为代价来打开这个国家的市场。

甚至有人权主义者和扩张主义者认为，互惠条约对于古巴经济状况的改善，是对西班牙殖民势力的帮助，可能会延缓古巴的独立进程。[⑤] 90 年代古巴起义的再次发生也证明这种推测是合理的。

在这样的情况下，总统和国务卿不得不努力地在国会为他们的互惠政策辩护。弗里林海森提出："这些条约所涵盖的国家拥有无穷无尽的资源……如果哪个先进的国家能够帮助发展这些资源，那么她就可以在该国的进口贸易中掌握垄断性的份额……为了获得这样的成果，我们必须放弃某

① Mexican Treaty of January 20, 1883, 49th Congress, 1st session, *House of Representatives. Report. No. 2615*, pp. 1-6.

② Power of the President to Negotiate Treaties with Foreign Governments, 48th Congress, 2nd session, *House of Representatives. Report. No. 2680*, pp. 1-20.

③ Convention Between the United States and Mexico, 48th Congress, 1st session, *House of Representatives. Report. No. 1848*, pp. 4-5.

④ Annual Report, *New York Chamber of Commerce*, 1885, pp. 100-123.

⑤ "A Warning from Cuba, the Commercial Treaty, a Trap," *New York Tribune*, November 22, 1884, p. 7.

些关税收入。同时，一些国内的贸易会被代替；当每一美元的关税收入被放弃，每一美元的国内产业被代替，相应地，我们将会从扩大的出口贸易中获得相应的利益，这也将为我们多样化的工业提供更多的动力。"①

此外，为了让美国国内能够更加意识到与拉丁美洲加强经济联系的需要，支持条约的议员们陆续提出了派遣委员会考察拉丁美洲的提议。1882年4月24日，国会内部同时提交了三份关于请求召开一次联合大会以及发展与拉丁美洲之间的友好关系的提案。

辛顿·罗云·赫尔珀（Hinton Rowan Helper）提出，为了促进和中南美洲国家之间的商业往来，了解这些国家相互之间以及与美国之间进行铁路互通的自然条件和可用设施，应当派遣一个特别的委员会进行为期两年的考察。考察的国家应当包括危地马拉、洪都拉斯、萨尔瓦多、尼加拉瓜、哥斯达黎加、哥伦比亚、厄瓜多尔、秘鲁、玻利维亚以及阿根廷，以获取所有关于这些国家自然条件的信息和事实，这些将可能被用来扩展他们和美国之间友好的商业关系。② 1883年，来自密苏里州的议员科克雷尔（Crockwell）再次提出派一个特别委员会对拉丁美洲进行考察，以获取必要的信息，比如拉丁美洲人民对和美国强化商业关系如何考虑。③ 两个月后，科克雷尔又一次提出了曾经提出过的关于南美考察团的议案。除此之外，议案还包括召开一个美洲国家间的商业大会的提议。④

弗里林海森也请求国会拨款派遣一个特别委员会访问拉丁美洲国家。在国务卿看来，派遣一个委员会能够使美国国内增加对拉丁美洲的了解，将有利于推动他所支持的互惠体系。⑤ 然而众议院对这个建议提出了异议，民主党发言人詹姆斯·伯恩斯（James Burnes）认为美国已经在拉丁美洲派遣了足够多的政府官员，不再需要额外派遣什么委员会。

---

① 48ᵗʰ Congress. ,2ⁿᵈ Session,*House of Representatives*,*Ex. Doc. No. 226*,pp. 13-14.

② *International American Conference*,*Reports of Committees and Discussions Thereon*,Vol. 4,Government Printing Office,1890,pp. 294-295.

③ *International American Conference*,*Reports of Committees and Discussions Thereon*,Vol. 4,Government Printing Office,1890,pp. 297-298.

④ *International American Conference*,*Reports of Committees and Discussions Thereon*,Vol. 4,Government Printing Office,1890,pp. 297-298.

⑤ 48ᵗʰ Congress,1ˢᵗ session,*Senate Report. No. 432*,pp. 1-2. 也有学者提出，弗里林海森对取消会议所产生的反拉丁美洲形象感到遗憾。在1884年，他利用两党呼吁建立了中南美洲贸易委员会，以缓解拉美的敏感性并增加美洲之间的适度贸易。Thomas D. Schoonover,*The United States in Central America*,1860—1911,*Episodes of Social Imperialism and Imperial Rivalry in the World System*,Duke University Press,1991,p. 82.

随后的 5 月，来自外交委员会的查尔斯·斯图尔特（Charles Stewart）对 1884 年的两个关于派遣南美委员会和促进与拉丁美洲商业关系的提案做出了回应。他认为，这两个提案在最终目标上是一致的，都是为了加强美国和拉丁美洲国家之间的友好关系，促进彼此之间的商业交往。委员会能够了解拉丁美洲国家内部对于建立铁路网络的看法，以及后者愿意给予什么特许权、保证、豁免等的优惠条件，或者愿意为了促进邮政网络、贸易和旅行等活动愿意给予什么优惠条件。

报告中还陈述了拉丁美洲国家的对外贸易状况，指出欧洲对拉丁美洲已经产生了多方面的影响，不管是商品还是交通都被欧洲国家控制，而美国根本没有发展的空间。因此他认为这样一个委员会的派遣对美国发展与这一地区国家之间的贸易关系是非常必要的，美国需要了解拉丁美洲国家的需求，了解他们对于与美国发展商业关系等的看法。斯图尔特还提出，虽然有人认为美国的公使和领事们可以完成这些事，但是比起单独驻守一个国家而被分隔的他们来说，拥有特殊任务的委员会能够更加全面地完成这个任务。①

由于委员会仅仅是访问调查性质，更多承担的是沟通和收集资料的使命，因此并没有遭到很大的反对。不管是自由贸易的支持者还是保护主义者们，在促进和拉丁美洲之间的贸易上主张至少是一致的。于是在经过了简单的讨论后，国会批准了这个委员会的派出。② 最终通过的法案规定，国会将拨款 25000 美金组织一个委员会前往拉丁美洲进行调查，派遣这个委员会的目的是"为了确定和报告何种模式能够最好地促进和确保美国和中南美洲国家之间更加亲密的国际和商业关系"，委员会主席乔治·夏普（George H. Sharpe）是纽约港的前调查员，同样也是阿瑟的私人好友。另两位成员为政治家汤姆斯·雷诺兹（Thomas C. Reynolds）和索隆·撒切尔（Solon O. Thacher）。来自芝加哥的记者威廉·柯蒂斯（William E. Curtis）随后被任命为秘书，并在雷诺兹退出后代替他成为委员之一。③

---

① Commercial Relations with South and Central America, 48ᵗʰ Congress, 1ˢᵗ session, *House of Representatives. Report. No.* 1445, p. 2.

② 事实上，许多人对委员会的南美之行并没有抱太大的期待。首先许多人认为委员会成员并不拥有什么名望，很难得到拉丁美洲国家的响应和重视。其次，拉丁美洲国家认为在美国进行彻底的关税改革之前，美国和拉丁美洲之间的贸易很难有所进展。

③ *International American Conference Reports of Committees and Discussions Thereon*, Vol. 4, Government Printing Office, 1890, pp. 308-309. 主席夏普没有前往中南美洲进行考察，并且最终于 1885 年辞职。

　　弗里林海森对这个考察委员会的任务和政策进行了详细的叙述,提出了和中南美洲国家增进关系的需要:"美洲共和国之间物质利益和政治利益的统一性应该通过美国的影响和行动来促进和推进……目前这个委员会的派遣就是实现这个伟大友好政策的重要一步。"①

　　1885年初,委员会正式启程前往拉丁美洲考察。从1月到5月,他们先后访问了委内瑞拉、中美洲和南美洲太平洋沿岸国家。10月,委员会向国会提交了最终报告,报告中详细描述了委员会曾经访问过的国家的自然和经济状况、这些国家和美国以及欧洲国家之间的贸易状况、拉丁美洲国家对和美国的经济合作、美洲联合的想法以及拉丁美洲国家真正的需求。南美委员会的报告虽然引起了诸多关注,但是显然已经无法挽回弗里林海森互惠政策走向失败的结局。

　　1885年,民主党人克利夫兰成为新总统,作为坚持低关税立场的民主党人,克利夫兰拒绝接受互惠条约的方案。在其国情咨文中,他明确提出了对互惠条约体系的反对意见。克利夫兰认为,这些条约使美国放弃了过多的关税收入,而这些损失却没有从所谓的扩大贸易中得到相应的补偿。不仅如此,互惠条约甚至会阻碍政府在紧急时期对国家商业活动的控制。②于是他很快撤回了与西班牙和多米尼加的互惠条约,弗里林海森的互惠贸易体系最终失败。

　　互惠体系失败的原因是复杂的。首先,美国出口的大部分商品都是农业品和机械制品。虽然这样可以获得农场主们的支持,但是其他的工业制成品却无法在仍然采用落后生产手段的墨西哥和加勒比地区获得市场,因此无法得到许多工业家们的支持,而工业家们的政治势力又要远远大于代表农业利益的政治家们。这也就意味着,互惠条约无法获得大部分人的支持。

　　其次,从80年代开始,虽然美国国内有与拉丁美洲国家拓展商业关系的意愿,但是这种商业和贸易需求一直到1882年经济危机发生后才开始逐渐变得强烈,并且在1884年逐渐被大众所关注从而受到认可。1884年,国会不仅派遣了中南美洲委员会对拉丁美洲的商业情况进行考察,③还于年

　　① *Message from the President of the United States Transmitting a Communication from the Secretary of State,Accompanied by the Final Report of the Commissioners Appointed to Visit the States of Central and South America,January* 12,1886,Department of State,August 27,1884,p. 6.

　　② James D. Richardson,*A Compilation of the Messages and Papers of the Presidents,1789 — 1902,*Government Printing Office,1902,Vol. 8,p. 337,pp. 489-491.

　　③ Commercial Relations with South and Central America,May 7,1884,48[th] Congress,1st session,*House of Representatives.Report. No. 1445,*p. 1.

底通过决议对美国和拉丁美洲国家之间的贸易状况进行调查。① 与此同时，国内贸易保护主义情绪的浓厚，也使得互惠条约的推进变得困难。加之共和党的内部分裂，种种因素共同导致互惠条约的推行无法得到广泛的支持。在面对反对派提出的质疑时，弗里林海森总是等待很长一段时间才作出回答，而其回答也往往是泛泛而谈。甚至有官方媒体认为，阿瑟并没有对他在参议院的支持者们施压以让条约通过。

虽然互惠条约最终以失败告终，但是它却代表了美国在这一时期对一个美洲体系的探索。通过互惠条约，美国部分地实现了阿瑟政府时期的计划——将美国的影响通过有利的贸易条约扩张至加勒比地区。

将布莱恩与弗里林海森的拉丁美洲政策进行比较，可以发现，两位国务卿都倡导美洲合作，排除欧洲国家的势力。布莱恩的美洲仲裁计划致力于将美洲国家间的争端纳入美洲的体系，防止欧洲的干涉。而弗里林海森的互惠条约体系，尤其是有条件的最惠国待遇，也是为了逐渐建立起美国在这一地区的经济主导。从这个意义上来看，两位国务卿的政策是泛美主义在不同领域的表现。

从拉丁美洲国家的角度来看，美国急于排挤欧洲势力而提出的有条件的最惠国待遇，使得拉丁美洲国家往往面临欧洲主义与美国所谓的美洲主义之间的选择。在欧洲国家仍然主导着大部分贸易的情况下，美国显然高估了自己的影响力。此外，拉美国家对美国的警惕也促使他们在很多时候引入欧洲的力量来节制美国，甚至在必要时寻求欧洲的道义支持和政治依靠。

---

① Message from the President of the United States Transmitting Letter of the Secretary of State, Submitting Report in Relation to the Foreign Relation of Mexico, Central and South America, the Spanish West Indies, Haiti, and San Domingo, 1885, January 20, 48th Congress, 2nd session, *Senate Ex. Doc. No.* 39, pp. 1-2.

第四章　泛美主义下的美国运河政策

中美洲地峡作为连接南北美洲的重要交通路线,对美国来说有着重大的经济和战略意义。地峡运河的建成不仅将大大缩短美洲东西海岸的距离,促进美国东西部的经济联系,还是加强与南美洲的联系、向南扩张的重要通道。运河所带来的更为快速的交通将改变美国长久以来因为地理隔绝所处的劣势,也使得军队能够更加快速地往返东西两岸,对美国的国家安全具有重要的意义,关乎美国在中美洲加勒比地区持续发挥影响。

美国从 19 世纪初就对地峡运河产生了兴趣。80 年代初,法国人斐迪南·德·雷塞普(Ferdinand de Lesseps)开始主持开凿巴拿马运河,这成了美国调整运河政策的直接导火索。为了争夺地峡运河的控制权,美国对运河政策进行调整,发起了多方面的行动。美国一方面加紧同英国政府的谈判,希望废除美英双方 1850 年的条约,解除《克莱顿-布尔沃条约》对美国的束缚。另一方面,美国加紧和中美洲国家联系,引导中美洲国家作为主体来拒绝甚至抵制由欧洲开展的运河工程计划,并反过来支持在这一地区开展的由美国主导的运河计划。美国还联合尼加拉瓜,准备进行尼加拉瓜运河的开凿。同时,援引 1846 年与哥伦比亚签订的条约,坚称拥有对中美洲地峡的"合法"权利,以期达到排除欧洲国家势力的目的。然而美国的联合政策并没有获得意想中的效果。需要指出的是,哥伦比亚为了节制美国而引入欧洲的力量来保持运河的共同中立,而尼加拉瓜为了能与巴拿马运河竞争,则引入了美国的力量。这种由拉丁美洲国家主动引入外国势力的情况,在这一时期使得美国与欧洲在这一地区的竞争变得更为复杂,也使美国的泛美主义推行遭到挫折。

第一节　19 世纪 80 年代美国运河政策调整的动机与
英美运河外交冲突

　　美国在中美洲地峡运河上的明确立场最早可以追溯到 19 世纪中期与英国的竞争。自 1839 年中美洲联邦解体以来，英国的势力在中美洲政治真空地带得到了快速的发展。继 1833 年 1 月占领南美的马尔维纳斯群岛（Islas Malvinas）①后，1838 年，英国又侵占巴亚群岛中的罗亚坦岛（Roatan），不久又宣布对莫斯基托（Mosquito）地区（今尼加拉瓜的东海岸）实行保护。南美独立战争结束后，英国以所谓的莫斯基托国王的名义，将莫斯基托地区划为独立的区域，并且驱逐了圣胡安河口（Rio San Juan）的尼加拉瓜官员。1841 年 8 月英国又占领了圣胡安港，控制了中美洲地峡通道。1845 年，英国将莫斯基托纳入保护势力之下。②

　　1847 年 1 月，英国外交大臣帕麦斯顿子爵（Palmerston）在给英国驻中美洲代表弗雷德里克·查特菲尔德（Frederick Chatfield）的信中提到："你要向其他国家表明，为了莫斯基托王国的安全和福祉，大不列颠王国女王陛下将绝对坚持一条必要的莫斯基托保护国的边界线。"③在 6 月 30 日的公文中，他又提道："洪都拉斯和尼加拉瓜这两个中美洲国家当局对莫斯基托国王的领土的侵犯，已经触发了莫斯基托保护国海岸线延伸的问题……英国政府将不会对任何侵犯莫斯基托国王的领土或权利的企图表示冷漠，莫斯基托国王是在英国保护之下的。"④至此，英国的势力基本上占据了中美洲的大部分地区。

　　1846 年，哥伦比亚为防止英国势力沿地峡南侵，同美国缔结了为期 20 年的条约，即《新格拉纳达条约》（也称《比德拉克条约》，全称《美国、新格拉纳达和平友好航海及同行条约》），⑤这是美国关于运河问题签订的第一个条约。条约大部分条款是关于相互贸易关系的，比如哥伦比亚将取消对美国的歧视性关税政策，并同意美国在巴拿马地峡的自由通行，同时规定了在双方大部分港口设立领事馆等。根据条约的第 35 款，哥伦比亚向美国保证

---

　　① 阿根廷称该岛为马尔维纳斯群岛，英国称其为福克兰群岛。

　　② John Bigelow, *Breaches of Anglo-American Treaties, a Study in History and Diplomacy*, Sturgis & Walton Company, 1917, Chapter 3.

　　③ *British and Foreign State Papers*, London, H. M. O. S., Vol. 38(1849—1850), p. 641.

　　④ *British and Foreign State Papers*, London, H. M. O. S., Vol. 38(1849—1850), p. 642.

　　⑤ *The Clayton-Bulwer Treaty and the Monroe Doctrine*, Government Printing Office, 1882, p. 40.

在条约有效期间内地峡将完全保持中立。美国则承认哥伦比亚对巴拿马的主权,并且在确保地峡中立的同时保卫哥伦比亚对巴拿马的主权。同时,美国还利用 1846 年条约从哥伦比亚那里获得了修筑通过巴拿马地峡的铁路租让权。《新格拉纳达条约》的签订使美国不仅占得了巴拿马地峡问题上的先机,同时还为美国向南扩张打开了通道,1846 年条约也使得美国与英国在中美洲的利益争夺变得日益突出。

美墨战争之后,美国开始筹划中美洲地峡运河的修建,尤其是加利福尼亚金矿的发现所带来的淘金热更加促进了这种需求。尼加拉瓜运河路线的优越性开始逐步显现。比起绕行南美大陆,或者是艰难地从巴拿马地区穿行,穿越尼加拉瓜的交通费用更便宜,而且气候也更加温和,还有充足的供给。[①] 即使运河仍没有建成,圣胡安河也是美国穿越中美洲的重要通道,但是英国对于河口位置的占领对美国的这一设想造成了阻碍。

于是,1849 年 6 月,美国总统波尔克派遣了特使伊莱贾·希斯(Elijah Hise)前往尼加拉瓜。在没有得到授权的情况下,希斯与尼加拉瓜政府签订了美国可自由穿越尼加拉瓜领土的条约。[②] 但是这个条约最终被美国政府否决。泰勒(Zachary Taylor)总统时期,又派遣了新的特使伊弗多姆·斯奎尔(E. G. Squier)同尼加拉瓜缔结新的条约。新条约除未提及设防权和对尼加拉瓜主权的保证外,与希斯条约大体相同。1849 年 9 月 28 日,斯奎尔又与洪都拉斯缔约,获得了蒂格雷岛(Tiger Island)的占领权和修筑基地的权利。由于斯奎尔条约中所规定的运河路线将经过英国的占领区和保护区,英国无法接受美国单独控制运河的情况,因此英国迅速做出反应,同哥斯达黎加缔约,英国保证哥斯达黎加圣胡安河北岸的安全,并派海军占领了蒂格雷岛。美英双方立即剑拔弩张。英国在中美洲的代表弗雷德里克·查特菲尔德(Frederick Chatfield)威胁称,英国皇家海军有可能控制蒂格雷岛以作为洪都拉斯向英国所欠债务的抵押,[③]这引起了洪都拉斯的恐慌,最终导致美国总统向洪都拉斯作出承诺,支持其对英国军事力量的反抗。双方的矛

---

① Lawrence A. Clayton,"The Nicaragua Canal in the Nineteenth Century: Prelude to American Empire in the Caribbean," *Journal of Latin American Studies*, Vol. 19, No. 2 (Nov., 1987), p. 325.

② Buchanan to McClernand, private, Wheatland, "Letters of Bancroft and Buchanan on the Clayton-Bulwer Treaty, 1849, 1850," *The American Historical Review*, Vol. 5, No. 1 (Oct., 1899), pp. 95-102.

③ Mario Rodriguez, "The Prometheus and the Clayton-Bulwer treaty," *The Journal of Modern History*, Vol. 36, No. 3 (Sep., 1964), p. 262, pp. 260-278.

盾一触即发。①

1849 年 12 月 4 日，泰勒总统在国情咨文中强调，美国的运河政策是各国共同保证地峡中立，反对任何国家垄断地峡交通。国务卿约翰·卡德威尔·卡尔霍恩（John Caldwell Calhoun）则公开宣称，门罗和波尔克阐述的不准殖民原则不适用于中美洲地区，并表示愿意就中美洲问题与英国通过外交方式解决。② 1849 年，新任国务卿约翰·克莱顿（John Clayton）建议美英双方签订协议，保证尼加拉瓜、哥斯达黎加、洪都拉斯以及整个英属莫斯基托海岸的独立，这也就意味着英国将基本放弃在中美洲的权利，而美国也将相应地放弃一些权利。

美国国务卿克莱顿坚持在莫斯基托问题上的立场。但是他也很清楚，英国政府不会认可尼加拉瓜政府在莫斯基托地区的主权，因为这事关英国的尊严和荣誉以及莫斯基托的保护国地位。因此他决定在这个领土争端的问题上进行模糊处理。克莱顿非常明白，虽然美国仍然迫切想要得到一条地峡运河，但是单凭美国的力量并不能完成这样的庞大工程，至少在资本上就不可能。因此他希望借助来自英国甚至是法国资本的支持。在通盘考虑之下，他做出了妥协。③

1850 年，克莱顿与英国代表亨利·布尔沃（Henry Bulwer）共同签订《美国和英国关于连接大西洋和太平洋的通航运河的条约》，也称《克莱顿-布尔沃条约》（Clayton-Bulwer Treaty）。该条约规定，对拟议中的尼加拉瓜运河路线，两国任何一方不得获取或保持排他性的权利；任何一方不得设置或维持防御工事、控制运河附近地带；任何一方不得在中美洲的任何地区从事占领、设防、殖民活动，或行使统治权。④ 这一条约的签署实际上形成了

---

① 54th Congress, 1st session, *Senate*, *Doc. No.* 315, pp. 29-30.

② Dexter Perkins, *A History of the Monroe Doctrine*, Johns Hopkins Press, 1937, p. 96.

③ 这其中还包括军事上的威胁。英国代表布尔沃暗示如果美国继续在莫斯基托问题上坚持，那么英国将在加勒比海地区增加军事力量。更详细的描述可参见 Fred R. van Hartesveldt, "The Personal Factor in the Negotiation of the Clayton-Bulwer Treaty," *Proceedings & Papers of the Gah* 14 (1993), p. 163. 美国驻法公使威廉·里弗斯（William C. Rives）在给克莱顿的信中证实了这一点。信中指出美国是基于开凿尼加拉瓜运河的目的才同英国进行的谈判，期望通过谈判使得英国政府放弃在中美洲地区的权利，以便美国开凿运河。Rives to Clayton, Correspondence in Relation to an Interoceanic Canal Between the Atlantic and Pacific Oceans, the Clayton-Bulwer Treaty and the Monroe Doctrine, and the Treaty Between the United States and New Granada of December 12, 1846, 56th Congress 1st Session. *Senate. Doc. No.* 237, No. 3, pp. 15-16.

④ The Clayton-Bulwer Treaty and the Monroe Doctrine, 47th Congress, 1st session, *Senate Ex. Doc. No.* 194, pp. 82-85.

英美两国在尼加拉瓜利益均沾的局面。

《克莱顿-布尔沃条约》的签订标志着美英双方在推进中美洲运河的问题上达成了一致，双方都承诺放弃领土扩张和政治控制。这其实是双方在当时情况下的一个妥协，因此条款中也尽量使用了许多模糊的表达，比如没有准确地定义中美洲的边界范围，英国在伯利兹和海湾岛的权益也没有包含其中。这些表达有效地缓解了英美两国国内的激进情绪。对于想要对外扩张而又一直具有反英传统的美国来说，19 世纪 40 年代正是民族主义蓬发的时期。民族主义的情感使得他们在中美洲地峡问题上并不愿意退让。英国国内也因为美国的行为议论纷纷，更加不会轻易放弃在中美洲的既得利益。而这种"模糊"的妥协，成功使美英在地峡运河的紧张局面得到暂时的缓和。

但是这个条约并没有从根本上解决美英两国在运河问题上的争议。双方对条约的不同理解成为 19 世纪后半期英美两国持续在运河问题上冲突的根源。对于中立和不殖民原则的适用范围的分歧是双方争端的主要内容。美国认为，根据条约，英国应当放弃其在中美洲的一切权利。而英国则认为，条约的条款不适用于条约签订之前的状况。在实力有限的情况下，美国只能期望通过条约来限制英国在中美洲的势力扩张。

从 1850 年条约的签订到美国内战结束的三十年中，中美洲的形势也发生了变化。1854 年，英国外交大臣克拉伦登（Clarendon）伯爵就曾提到："中美洲地峡交通的问题——主要是运河问题——对于英国的商业安全与发展是至关重要的，实际上对所有以不同路线通过地峡的国家来说都是。（英国政府）并没有任何在中美洲获得领土的意愿。英国没有兴趣坚持、也不打算坚持对中美洲任何部分或其邻近岛屿提出领土要求。但伯利兹是唯一例外，因为它是由 1783 年与西班牙签订的条约所给予英国的。"[①]

1856 年，在克里米亚战争开始之后，英国传统的中美洲政策发生变化。前文提到，英国同美国签订的关于运河的条约，一开始只是为了保证英国在地峡地区的自由通行并阻止美国向中美洲南部扩张。但是从 1856 年开始，英国开始逐渐收缩在中美洲的势力，而更加专注于商业活动的发展。政策改变的根本原因在于，《克莱顿-布尔沃条约》所设想的目标从根本上都没有实现。运河的开凿和建造没有任何进展，和美国的争议也没有消除。这两

---

① "Memorandum by Clarendon on the Clayton-Bulwer Treaty, August 1, 1854, Anglo-American Relations, 1853—1857: British Statesmen on the Clayton-Bulwer Treaty and American Expansion," *The American Historical Review*, Vol. 42, No. 3（Apr., 1937）, p. 496.

个主要政策目标的失败,加之克里米亚战争的到来,致使英国在中美洲的政策上做出改变。

英国外交大臣帕麦斯顿曾向首相说道:"很明显,人们并不关心中美洲、莫斯基托、海湾岛或者洪都拉斯边界的问题……他们希望的只是能够自由地进行跨洋贸易,并且他们相信这种贸易即使不通过和美国发生争端也可以得到。在中美洲和美国的争端只要一日没有解决,就会让美国对于英国产生持续的反感和嫉妒。我们将保留海湾岛,我们可以与尼加拉瓜和危地马拉解决莫斯基托和洪都拉斯问题,我们可以确保美国的跨洋通行自由。"①

与英国的保守政策不同,美国开始了积极的南进扩张。1853 年,美国同墨西哥缔结《加兹登条约》(Gadsden Treaty),墨西哥桑塔·安纳政府(Antonio López de Santa Anna)以 1500 万美元的代价将科罗拉多河、希拉河和格兰德河之间的梅西亚谷地(Mesilla Valley)割让给美国,美国由此获得了大片土地。1859 年,新总统要求国会授予他动用武力保证美国在中美洲的利益的权力,后又多次向英国提出要求修改《克莱顿-布尔沃条约》。②

从 19 世纪 50 年代到 80 年代,美国虽然仍然就地峡问题以及条约和英国发生小摩擦,但是大方向上并没有什么大的变化。这主要是因为奴隶制的废除使得美国对领土扩张的需求消失,而巴拿马铁路的建成和太平洋铁路的开通也使得美国对地峡交通的需求减少了。然而情况从 80 年代开始逐渐发生变化。

1878 年,成功建造了苏伊士运河的法国人斐迪南·德·莱塞普(Ferdinand de Lesseps)从哥伦比亚政府手中成功获得了开凿巴拿马运河的协议,③并且成立了以他为首的巴拿马洋际运河工程总公司(Compagnie Universelle du Canal Interocéanique de Panama),开始筹备运河的开凿。为

---

① Kenneth Bourne,"The Clayton-Bulwer Treaty and the Decline of British Opposition to the Territorial Expansion of the United States,1857—1860," *The Journal of Modern History*,Vol. 33,No. 3(Sep. 1961),pp. 287-291.

② Mary Wilhelmine Williams,*Anglo-American Isthmian diplomacy*,1815 — 1915,The Lord Baltimore Press,1916.

③ 巴黎地理学会于 1876 年组织了一个委员会,寻求国际合作研究,以填补中美洲地区的地理知识空白,建立一条洋际运河。该委员会是一家由德·莱塞普领导的有限公司。对地峡的探索任务被分配给法国海军中尉卢西安·波拿巴·怀斯(Lucien N. B. Wyse)。1877 年,在第二次探索之后,怀斯于 1877 年和哥伦比亚政府进行了谈判,并于 1878 年 3 月 20 日签署条约,即怀斯合约。合约给予这家法国公司运河的特许专营权,通过巴拿马建造一条跨洋运河,并在运营 99 年后归还哥伦比亚政府。这个条约随后被转让给了德·莱塞普。https://www.pancanal.com/eng/history/history/index.html.

了筹集资金,德·莱塞普还在美国进行了一系列的演说,为这个浩大的工程吸引到了一大批的美国投资者。虽然他一再强调他所进行的工程纯属私人行为而无官方介入,法国政府也多次强调这一点,但此举还是引起了美国政府的警惕。[1] 美国认为,法国的介入,使得原本就很复杂的运河问题变得更为棘手。他国运河工程对美国带来的影响将是复杂和深远的。

在1880年的国情咨文中,总统海斯明确提出了美国的运河政策:

我国的运河政策就是确保一条在美国控制下的运河。美国决不能将这个控制权转交给任何的一个或多个欧洲国家。如果任何现存的美国和其他国家之间的条约,又或者其他国家的主权或者财产阻碍了这个政策——这种意外不能被谅解——那么我们将采取合适的方法,通过公正和自由的谈判来推动和建立美国在这个问题上的政策,同时也能和其他受影响国家的权利共存不悖。

其他国家的公司和个人在这样一个计划中进行投资,必然会在某种程度上寻求一个或者更多世界大国的保护。然而没有欧洲国家可以提供这样的保护,因为美国必然不会允许。对本大陆采取的任何措施,都会被认为是完全不能允许的。如果依靠美国的保护,美国就必须行使这项控制权,使我国能够保护国家利益和维护对该企业进行投资的私人资本的权利。

一条通过美洲地峡沟通两大洋的运河,将从根本上改变美国大西洋和太平洋之间、美国与世界其他国家之间的地理关系。它将是我们在大西洋和太平洋海岸间的一条伟大的海洋通道,从而实质上构成美国海岸线的一部分。这条运河单在商业上对我国的利益就比其他国家要大得多。而运河对于我国的繁荣强大、我国的国防手段、我国的团结、和平和安全的关系,则更是美国人民所最关心的事情。任何一个大国在类似的情况下,对于这种与本国利益和福祉有着如此密切的关系和十分重要影响的工程,都不可能不对它行使正当的控制权。

最后,不用再进一步提出关于我的意见根据。我重申,美国既有权利又有责任对任何一条连接南北美洲、跨越地峡、沟通两大洋的运河维护并保持这种监督和管理权,因为它将能保卫我们国家的利益。我确信,它不仅是与商业和文明的最大、最长远利益相符合的,而且还将促

---

[1]　Healy David, *James G. Blaine and Latin America*, University of Missouri Press, 2001, p. 42.

使它们向前发展。①

不难理解，美国总统所讲的"任何现存的美国和其他国家之间的条约"就是《克莱顿-布尔沃条约》。在19世纪美国向南扩张的征途上，《克莱顿-布尔沃条约》已然成了美国独占一条中美洲运河的最大障碍，而现在法国人却将在此开始自由地建造运河。

法国人的运河工程引发了哥伦比亚与美国之间积蓄已久的矛盾。在哥伦比亚给予德·莱塞普巴拿马工程合同后，美国多次援引1846年条约对哥伦比亚进行指责。

海斯总统指示美国驻哥伦比亚公使传达美国对哥伦比亚方面给予法国人运河建造合同的不满：

> 美国方面认为，基于和哥伦比亚之间的1846年合约关系，哥伦比亚方面竟然没有知会美国就给予卢西安·波拿巴·怀斯（Lucien Bonaparte Wyse）运河建造的合同是非常令人震惊的，而这个合同现在已经转给德·莱塞普了。根据1846年条约，美国是这条跨洋运河的保护者，也是哥伦比亚共和国主权的保护者……美国认为，根据1846年条约的规定，法国人得到的新合同将使美国在哥伦比亚和地峡区域承担更多的保卫责任，这对美国来说是不可接受的。这样的合约在没有美国和哥伦比亚共同商议的前提下就签订是不可取的。

> 美国认为哥伦比亚考虑欠妥，这样一个工程应该考虑的不仅仅是财政的商业利益的问题，这还关系到美国的领土安全，因为战时的地峡运河会被敌方控制而对美国本土造成威胁，到那时，任何的中立条约都将失效。

> 美国认为……运河应该由美国或者是任何被美国信任的组织和公司来建设和主导。你将向哥伦比亚政府传达美国对哥伦比亚政府迄今为止没有就这一特许经营权问题进行此类沟通表示深深的遗憾，而两国之间的条约让美国仍然在期待这种沟通的进行……无论是美国政府还是其公民都没有理由承担这种额外的责任。

> 美国不能接受被其他个人或者国家之间的协议排除，尤其是这些个人或者国家都不是有直接利益的一方。美国将在必要时，对于这些计划进行干涉和监督，因为任何通过地峡的跨洋工程、都将通过地峡完

---

① 　Correspondence in Relation to an Interoceanic Canal Between the Atlantic and Pacific Oceans, the Clayton-Bulwer Treaty and the Monroe Doctrine, and the Treaty Between the United States and New Granada of December 12, 1846, 56th Congress 1st Session, *Senate Doc. No.* 237, pp. 7-8.

成海洋联系,都会在实质上影响美国的商业利益,改变其主权的领土关系,并强加其外交政策的必要性。①

然而,从1846年条约的历史来看,美国其实根本没有资格去指责哥伦比亚与法国公司的合作。由于1846年条约的有效期仅为20年,两国在1866年重新协商了新的条约,并于1869年正式签署。根据新条约,哥伦比亚将巴拿马运河的开凿权和运河地区租让给美国,期满后归哥伦比亚所有。1870年,双方又签订补充条款,规定美国军舰可以随时通过运河而对美国的交战国关闭,这意味着美国与哥伦比亚在事实上结成了军事联盟。这些条款给予了美国巨大利益,遭到哥伦比亚国内的强烈反对。哥伦比亚向美国提出了修改要求,但是美国明确表示了拒绝,双方对条约问题的僵持不下更加使哥伦比亚人认为,美国并没有真正修建运河的意愿。美国的态度激起了哥伦比亚的强烈不满,也成了哥伦比亚转向欧洲的重要原因。

从事实上来说,1846年条约的效力已经不复存在,而美国在无视哥伦比亚诉求的前提下已经没有合理的依据来反对哥伦比亚政府的行为。美国援引1846年条约指责哥伦比亚政府,其根本目的是为了美国的利益,为美国介入运河问题寻找借口。

美国国务卿埃瓦茨认为,在此种情况之下,美哥双方需要重新界定1846年条约的内容。双方又一次开启了关于1846年条约的协商。威廉·特雷斯科特(William H. Trescot)于1881年开始同哥伦比亚外长拉斐尔·桑托多明各·维拉(Rafael Santodomingo Vila)进行谈判。不久,双方签订了初步协议。特雷斯科特表示,这份协议中的条款基本都能令美国满意,但有一条可能无法被哥伦比亚接受,即任何哥伦比亚的运河工程,必须要尊重美国作为保证地峡中立和哥伦比亚主权的利益相关者的权利,而美国的同意必须作为条约有效的前提条件。

桑托多明各将军虽然承认1846年条约中美国所获得的自由通行运河权等等一系列的权利,但是他并不认为哥伦比亚和法国的合同对美国的权利有所侵犯。"鉴于目前情况,我建议不要强行推进这一条的实行,因为强行推进可能会导致未来不能再进行协商和讨论。"②美国政府对条约基本表示满意,国务卿回复称这个草拟协议中的条款和他的想法是一致的,而总统也已经表示同意。

但是条约在哥伦比亚方面遇阻。1881年5月7日,哥伦比亚外长贝塞

① Evarts to Dichman, 48th Congress, 2nd Session, *Senate. Mis. Doc. No.* 12, p. 469.
② Trescot to Evarts, Washington, 48th Congress, 2nd Session, *Senate Mis. Doc. No.* 12, p. 475.

拉（Ricardo Becerra）在给布莱恩的信中表示："我国政府遗憾地发现签订的协议与我们给代表的指示不一致。我们认为目前的协议无法阻止 1846 年条约义务的继续扩大……这样一个伟大的工程将为世界的商业带来巨大的利益，哥伦比亚已经如此慷慨地提供了土地，不应该再付出别的代价。鉴于这些事实，哥伦比亚政府希望能够重新谈判。"[1]双方的谈判最终还是不了了之。哥伦比亚对于美国以 1846 年条约为依据不断干涉哥伦比亚内政感到不满，转而向欧洲国家寻求保护。

1883 年 4 月，美国驻哥伦比亚公使提交了一份报告，报告中明确解释了哥伦比亚政府在巴拿马运河问题上的基本立场。报告援引了哥伦比亚总统的演讲：

> 随着巴拿马运河工程的实施，哥伦比亚作为一个国际主体的地位也在逐渐增强。所有的美洲国家，以及那些拥有强大文明的西欧国家，都在这个工程上有着直接的利益。这也就意味着，我们拥有的这条独特的地峡将成为国际性的商业通道，也会成为国际冲突的交战通道。这条通道面临的唯一外交问题就是中立的问题。英国不会轻易放弃从《克莱顿-布尔沃条约》中获取的权利。因为通过这个条约，他们获得了和美国同样的中立保护权。而其他的欧洲国家，尤其是西班牙，在这一地区更是有着重要的经济利益，也绝对不会放弃对运河的权利。其他的拉丁美洲国家，尤其是太平洋沿岸的国家，更是在运河的中立问题上有着直接的利益。毕竟他们和其他欧洲国家的交往，可能都将通过这条通道。
>
> 从埃及苏伊士运河的归属中，我们了解到，应该重视巴拿马运河所带来的外交问题。如果哥伦比亚是一个强大的国家，拥有一流的军事力量、海军力量、国防资源，等等，那么运河的中立将不是什么难题，我们完全可以通过自己的力量来保证它的自由通行。但不幸的是，哥伦比亚并不强大。因此，在处理有关运河的政治外交问题时，我们应该牢记以下的几点：第一，我们对地峡的主权是合法的、完全的，因此哥伦比亚完全有权利独自决定运河中立和自由通行权的相关问题；第二，我们的弱点在于我们的实力，但是运河的利益与福祉也将促使强国尊重我们的权利；第三，我们不是一流强大国家的事实，是让其他国家实践他们义务的最好保证；第四，在保障运河安全方式的选择中，指导我们的

---

[1]　Becerra to Blaine, 48th Congress, 2nd Session, *Senate Mis. Doc. No. 12*, p. 478.

应该是哥伦比亚政府保卫地峡国家主权的原则。地峡区域是我们领土上最具价值的珍宝，也是我们光明未来的希望。因此，在采用保护运河的方法时，我们应该努力避免对我们主权的最近的威胁。①

从这份报告中可以看出，哥伦比亚深刻意识到了运河对本国的意义，也意识到本国并没有这个能力去保卫国家。除了美国之外，其他欧洲国家也并不会放弃在运河问题上的干涉。因此，为了保护自己的利益，哥伦比亚才采取了邀请各国联合保卫运河中立自由的做法。

美国与哥伦比亚之间的一系列外交行动，非但没有让美国在运河问题上得到任何利益，反而招致了哥伦比亚的反感。美国多次以1846年条约为借口，在哥伦比亚认为是本国内政的运河问题上大加干涉，不仅提出任何有关运河的条约都需要美国的参与，还需要得到美国华盛顿方面的授权和同意。美国甚至要求美军能够常驻巴拿马，并在哥伦比亚领土上建立一个海军基地。虽然这些无理的要求都被哥伦比亚拒绝了，但是这些行为却激起了哥伦比亚国内的民族主义情绪。

法国人的运河工程与哥伦比亚的外交失败都促使美国采取新的政策来保证其运河利益。然而与英国的条约却使美国受到束缚。在19世纪80年代美国提出美洲合作、建立美洲体系的背景下，一条由美国单独控制的运河不仅可以帮助美国向南扩张，还可以在与欧洲其他国家在中美洲甚至更远的南美洲的竞争中——不管这种竞争是在商业上的还是政治上的——帮助美国取得优势地位。运河问题也成为贯穿美国80年代外交的重要议题之一。基于美国在19世纪末想要建立一个美洲体系的愿望，一条由美国控制的运河似乎是理所当然的。于是，为了解除《克莱顿-布尔沃条约》对美国的束缚，美国的运河政策做出了重大的调整，并由此引发了一系列与英国的外交冲突。

1881年6月24日，布莱恩得到消息，哥伦比亚方面正在考虑终止与美国在1846年签订的条约，转而向欧洲其他国家寻求帮助。布莱恩向在欧洲的美国驻外公使发送了秘密信件，并指示他们，如果这个传言一旦成真，那么他们要向所驻国家表明美国的立场，即如果他们真的和哥伦比亚达成协议，联合起来保证运河的中立，那么这种行为将被视为对美国利益的侵犯。除英国和哥伦比亚之外，任何其他国家侵入美国利益所在的地方都将被认为是入侵行为。

---

① Scruggs to Frelinghuysen, 48th Congress, 2nd Session, *Senate Mis. Doc. No. 12*, pp. 504-505.

　　在给美国驻英公使的信中，布莱恩写道："美国政府承认一个恰当的中立对建造穿越巴拿马地峡高速通道的工程是必要的，我们认为目前所采取的措施是足够的……如果欧洲国家有行动的征兆，那么就请你提醒格兰威尔伯爵注意1846年条约的条款，尤其是第三十五条，①并且提醒他，任何试图取代这种共同保证的行动都将被美国政府认为是突然的侵略，美国政府的利益必须被考虑……美国政府不希望干涉任何外国势力的公民或主体从事任何他们享有合法特权的商业活动……"②

　　布莱恩的声明，完全忽略了《克莱顿-布尔沃条约》，而是仅以美国一贯以来的立场作为凭依，即门罗主义的基本原则作为行事准则。

　　英国外交大臣格兰威尔伯爵在给布莱恩的回信中写道："双方在运河问题上的立场是由《克莱顿-布尔沃条约》决定的。英国政府对美国遵守条约的所有约定充满信心。"③显然，英国并不接受美国以1846年条约来界定美国在地峡运河上的权利，坚持以双方1850年的条约为依据，维持现状。

　　除向欧洲国家声明立场外，詹姆斯·布莱恩开始谋求对《克莱顿-布尔沃条约》进行修改，为此，他向英国发起了外交攻势。在给英国外交大臣的信中，他写道："《克莱顿-布尔沃条约》已经签订超过三十年了，一些情况已经不复存在，而另一些情况又发生了新的变化。总统认为，条约应该有一些变化了。鉴于英国在这一问题上的利益不如美国重要，我们希望能够本着友好与和谐的精神对条约进行调整。"

　　此外，他还列出了一系列条约应当调整的具体理由。比如英国有强大的海军，而美国没有，条约要求美国不能使用军事力量来保卫越洋航线，但是对于英国的海军力量却没有限制，英国海军随时可以动用力量来保卫自

---

　　①　第三十五条的具体内容大致是：美利坚合众国的公民、船只与货物在哥伦比亚——包括巴拿马地峡——的所有港口进行航海与贸易时享受免付权、优惠权及豁免权；途经上述区域的美利坚合众国的旅客、邮件与商品也享受同等待遇。哥伦比亚政府对美利坚合众国政府保证，美利坚合众国的公民、政府、工业产品及商品以现有或将有的任何交通工具通行巴拿马海峡的权利畅通无阻。在任何陆路或运河，不向美利坚合众国的公民及其货物征收多于哥伦比亚公民及其货物的过路费。美利坚合众国对哥伦比亚保证巴拿马地峡的完全中立性，以使条约有效期间，任何时刻两大洋之间的自由通行不被中断。美利坚合众国也同样保证哥伦比亚的主权与所有权，及对上述区域的占有。Edward Arthur Whittuck, B. C. L., *International Canals*, H. M. Stationery Office, 1920, pp. 102-103.

　　②　*The Clayton-Bulwer Treaty and The Monroe Doctrine*, Government Printing Office, 1882, pp. 176-177. 这种反英的倾向更多的来源于对19世纪英国在拉丁美洲的商业成功的嫉妒以及美国对于这种地位的渴望。

　　③　*The Clayton-Bulwer Treaty and The Monroe Doctrine*, Government Pringting Office, 1882, p. 178.

已，这种情况对美国来说是不公平的。因为这意味着，英国可以在任何时候轻易地控制运河的两端，夺得运河的控制权。美国不会同意任何永久的条约，如果这些条约侵犯了美国在美洲大陆的优先权，一旦太平洋海岸受到攻击，这将不利于美国进行自卫，因为条约规定美国不能自由地在运河中穿行以对美国领土进行保卫。而这些条款对敌军是没有限制的。因此，为了保卫美国领土，美国应该拥有控制地峡通道的权利，而且这种控制是绝对中立的，欧洲国家应当同意。

在《克莱顿-布尔沃条约》完全实行的情况下，除缔约国之外的商业力量已经得到了快速的发展，这也要求条约的修改，否则这些力量也将会对通道进行干涉。条约的修改赋予美国保护和控制运河的权利。除获得军事和海军所需的站点外，美国不会攫取中美洲的任何领土。最后，原条约的第八条规定，①即"任何可能实现的两洋之间的交通路线也将适用于此条约其他条款"一条，至今仍没有发挥任何作用，因此美国政府希望能够将其废除。

从现实的情况来讲，目前提出的巴拿马运河计划的支持者和赞助者是法国。如果将《克莱顿-布尔沃条约》的禁令应用于这条运河，即保证运河的中立地位，那么将意味着，美国在此之前和哥伦比亚政府签订的条约中所享有的权利都将失去。因为，美国并不能以美英之间的运河条约来约束法国，反而会因此受到限制。

这显然违背了布莱恩想要废除《克莱顿-布尔沃条约》的初衷。据此，布莱恩在信中提出了四点修改要求："首先，取消任何禁止美国在运河周边区域修筑防御工事、约束美国对周边地区施以政治控制的条款；其次，条约中关于禁止英国和美国政府在中美洲地区进行任何领土占领的条款继续生效；再次，如果英国想要添加在运河两端建立自有港口的条款，美国政府将不会反对；第四，原条约中，双方政府都同意不论是在墨西哥特万特佩克地峡，还是在巴拿马地峡建造铁路或者是运河，两国都同意对其进行联合保护。现在这一条的执行应该不受限制；最后，条款中规定的对于运河至公海之间在战时可以进行劫掠的区域距离一条，内容并不完整，也没有明确的距

---

① 《克莱顿-布尔沃条约》第八条是条约的核心内容之一，也是这一时期美英两国的外交争议点之一，具体内容是：两国商定为了完成这个特定的工程，双方建立一个总原则：对运河和铁路的交通线给予更多的保护。现在两国提议建设通过特旺特佩克地峡或巴拿马的交通线。然而，条约中所列举的授予双方的联合保护总是被理解为对于建造和拥有交通路线的任何一方，不得征收政府认定的合理而平等的通行税以外的任何其他费用。运河对两国和同意提供保护的任何国家平等开放。运河保护方面，两国都力图维护自己的利益，利益冲突导致此后双方矛盾不可避免地继续爆发。转引自黄虎：《〈克莱顿-布尔沃条约〉条约与美英在中美洲的冲突和妥协》，《湖南师范大学社会科学学报》2008 年 第 2 期。

离规定。总统认为,应对此做出明确规定,最好能够成为其他国家之间的共同条款。"①布莱恩的意图是明显的,他想将与英国之间的条约扩展到法国,以阻止法国独占运河。

从这里来看,对 1850 年条约的修改,不仅仅是将美国从对英国不平等的条约中解放出来,同时也可以使美国更加自由地使用 1846 年条约所赋予的权力。

收到英国外交大臣的信十天以后,布莱恩又回信称,原先的条约不过是误解和争议的产物,根据美国和哥伦比亚在 1846 年签订的条约,美国要从与英国所签订的不平等条约中解放出来。

他说道:"一开始签订条约是为了解决两国在中美洲事务上的分歧,但是现在双方对于此条约的不同解释已经使其中的许多条款归于无效了。如果美国政府早就预料到英国政府对于这个条约的解释是如此的话,美国政府根本不会接受和批准这个条约,也不会相信这个条约的效力。《克莱顿-布尔沃条约》已经和现在英美双方之间的观点立场都不符合了,因此应当废除。"②

美国实际上指出了美英在运河条约上的根本分歧,即双方对条约内容的具体应用并没有做出明确的界定,在许多问题上都采用了模糊的表达。比如,美国认为,条约适用于英国此前在中美洲获得的利益,但是英国则持完全相反的意见。而美国通过 1846 年条约获得的独占运河的权利与 1850 年美英条约的保持中立,实际上也存在矛盾关系,但是美国却以相同的理由否定了这一点。

1882 年 1 月 7 日,格兰威尔回信维护条约。就布莱恩提到的海军问题,格兰威尔说道:"美国海军部必须认识到,英国政府从来没有试图禁止任何其他国家的海军力量对于运河的使用。另一方面,对于其他也参与了中南美洲贸易的国家来说,运河作为连通两个大洋的水路,连通了欧洲和东亚。从这个意义上来说,运河工程不仅仅关乎美国或者是美洲大陆,也是整个文明世界的大事……如果美国坚称这样一条连通两个大洋的水路是她海岸线的一部分,那么很难想象这条水路沿线的国家可以保持现在的独立状态……以上就是英国政府对于美国政府要求在运河享有优先权的考量。英

---

① *The Clayton-Bulwer Treaty and The Monroe Doctrine*,Government Printing Office,1882,pp. 181-183.

② *The Clayton-Bulwer Treaty and The Monroe Doctrine*,Government Printing Office,1882,pp. 184-186.

国政府认为,1850 年条约谈判时的指导原则仍然是合理的,并且仍然能够应用于当前的情况。英国政府希望,这些准则都可以被付诸实践,英国很乐意看到美国主动将这种邀请扩展到其他国家。"①

英国政府并不认可美国提出修改条约的理由,也不同意美国对运河的独占,甚至表明了欧洲共同保证运河中立的想法。

在第二封回信中,针对布莱恩提出的四点修改意见,格兰威尔提出了自己的看法,回应了布莱恩对于条约的攻击:

第一,两个政府之间就条约问题产生的分歧,虽然长久以来都没有得到很好地解决,并且一度引起双方的许多困扰。但是这些都和穿越地峡的跨洋交通的适用原则无关,其根源在于布莱恩先生仍然建议维持的大部分条约条款中。比如他想要继续坚持美英两国不在中美洲的任何地区占领土地、却又想取消不允许美国驻守运河的条款,允许美国在运河周边驻守的地区允许美国的政治控制。

第二,美国在争议中所主张的内容总是根据他们所提出的要求而变化。他们否认在运河地区获得优先和独有权利的意图,但是他们争论的焦点在于英国也应该受这个条约限制,放弃英国已经获得的在大陆和邻近岛屿的权利……他们也没有以任何方式来试图限制条约中所规定的原则的适用范围。如果如布莱恩先生所建议的那样,那么美国也不应主张这些原则不适用于美国和哥伦比亚的 1846 年条约。然而目前看来,美国已经准备好了将这些原则进行充分的扩展。

第三,英国曾一度由于争议的持续不休而考虑废除条约。如果能够恢复到 1850 年的现状,那么英国政府愿意如此进行。这样的解决方法在当时或许是可行的,但是正如美国政府指出的那样,这很有可能会对两国之间的友好关系造成危险,虽然在随后的发展中这种危险并没有发生。②

英国的回复实际上揭露了美国在运河上的双重野心。美国希望在享受独占运河的同时,通过与英国的条约来限制后者在运河地区的活动,甚至是借助后者的力量来防止其他欧洲国家在运河问题上的介入,这显然是无法被英国接受的。英国以条约废除可能会使两国重新恢复到 1850 年条约签

---

① *Clayton-Bulwer Treaty and The Monroe Doctrine*,Government Printing Office,1882,pp. 193-194.

② *The Clayton-Bulwer Treaty and The Monroe Doctrine*,47th Congress,1st session,*Senate Ex. Doc. No.* 194,pp. 194-203.

订前剑拔弩张的紧张局面为由,反对修改条约。这在某种程度上已经带有一丝威胁的意味了。

虽然布莱恩以新时期情况产生,且条约没有得到切实的履行为理由,提出英国应该承认并且同意对条约进行改变的主张,但是最后的结果证明,他的行动并没有什么结果,英国仍然坚持维持现状的主张。

阿瑟政府时期,国务卿弗里林海森尝试着从技术角度来突破美国面临的困局。他以英国已经违反了双方条约为理由,以证明条约已经失效:

英国在1859年和危地马拉签订了关于英属洪都拉斯定居地的条约,这证明了英国已然违反了《克莱顿-布尔沃条约》,这更可以被当作是英国在危地马拉边界扩张的证明。如果英国持续违反条约的话,那么美国自然可以认为两国之间的条约是无效的。

英国没有提出或建议过和美国共同保护巴拿马路线上的运河或者铁路,这也证明了英国并没有执行条约的第八条。这三十年间美国政府都是独立对地峡进行保护的,这使我们相信一个联合的保护是不必要的。

而且,《克莱顿-布尔沃条约》的生效是在1846年美国与哥伦比亚的条约签订之后,后者也使美国对巴拿马路线拥有独立的保护权。那些拿到运河建设合同的人还没有开始实施这个工程,美国认为拒绝为他们提供联合的保护是公正合理的。1846年的条约让我们自由地保护两大洋之间的公民的一切交通和通讯。

在这样的情况下,任何与当地主权国家签订的条约都会对这些利益产生影响和威胁。美国政府不能同意在1850年条约的基础上将这种共同保护中立的权利扩展到其他国家,我们也对于其他国家以此为目的而采取政治行动表示不满。在《克莱顿-布尔沃条约》中,没有任何条款让美国接受或者邀请其他国家来共同保证巴拿马路线的中立。

(阿瑟)总统认为,通过邀请世界上的其他国家来保证地峡交通线的中立是不必要的和不明智的。这可能为他们将自己的海军部署到离我们海岸很近的水域提供借口,甚至可能让本已从中解脱的共和国重新陷入冲突之中。由门罗规划、亚当斯详细解释过的主义(即门罗主义)已经成为我们大陆政策非常重要、非常基本的一部分。

弗里林海森以英国违反了《克莱顿-布尔沃条约》为由要求废除此条约,并且以巴拿马运河涉及诸多主体的利益为由,反对欧洲国家共同保证运河的中立,其最终的目的仍然是为了保证美国对运河的独占。

在此之外，弗里林海森认为条约的适用范围应该是有限的，但应当包括尼加拉瓜运河计划，这也是在条约前言中唯一的目标。其次的目标是，在第八条款中提到的，两国政府希望通过这个公约，不仅能够为一个特定的目标提供帮助，还能建立一个基本原则，特此要求通过条约规定将其保护范围扩展到任何其他实际的交通。"跨越地峡，特别是对于海洋两岸的交通，不论是通过运河还是铁路都应该是可行的。"①

1882年底，英国外交大臣格兰威尔爵士给出回复，就弗里林海森提出的几个问题做了一一回答。格兰威尔称：

根据《克莱顿-布尔沃条约》的第八条，缔约双方建立的基本准则适用于所有的越洋交通，而不仅仅是某个特别的计划。其次，美国认为不应将这种保护权扩展至其他国家的说法也是不成立的。1867年，在与尼加拉瓜的条约里，美国政府不仅同意将这种保护权扩展至所有大西洋和太平洋之间的交通路线，还保证了这条路线被中立和善意的使用。甚至还同意和其他国家一起合作来让他们共同保护这条通道，保证中立。

英国政府认为，美国政府在1846年的条约签订以后，与英国和其他国家达成了更新的条约，执行了《克莱顿-布尔沃条约》确立的一般原则。因此，现在以1846年条约来表明美国在穿越巴拿马地峡的运河问题上拥有独享的保护权是不合理的，也是同原先的一般原则不符的。另外，和哥伦比亚的条约中，没有任何条款表明哥伦比亚授予了美国政府任何独有的保护权，也没有什么内容和美英的联合保护相矛盾。

对于美国宣称的英国和洪都拉斯之间的条约是对《克莱顿-布尔沃条约》的侵犯，英国政府认为，《克莱顿-布尔沃条约》在美国和英属洪都拉斯的问题并不适用。在克莱顿和布尔沃的谈话中，可以确定的是，没有任何的中美洲国家因为谈判或者这个条约受到影响。这和美国现在所宣称的要求废除1850年条约的所有原则都是毫无关系的。事实上，在条约签订之前，洪都拉斯只不过是英国的一个定居点，而那时还是西属美洲的时代，但美国从不愿意承认这一点。因此，弗里林海森所谓的"占领"一词实际上是站不住脚的。

这块土地早在很久以前，就是英国征服的领土。而且，根据美英之间在1860年签订的邮政公约，美国已经承认了英属洪都拉斯是属于英

---

① *The Clayton-Bulwer Treaty and The Monroe Doctrine*，Department of State，May 8，1882，pp. 418-421.

国的领土。最后,美国国务卿所提出的论点都是不合理、不充分的。英国和洪都拉斯在 1856 年 8 月 27 日签订的条约、英国和尼加拉瓜在 1860 年 2 月 11 日签订的条约、美国和洪都拉斯在 1864 年 6 月 4 日签订的条约、美国和尼加拉瓜在 1867 年 6 月 21 日签订的条约都表明了第八条是将这种保证扩展到所有的跨洋交通中去的,而不仅仅是某个计划。这也是美国和尼加拉瓜的条约中所保证的。1846 年条约也没有给予美国任何独有的保护权。美国所要求的独占权利,与美英共同保护这个约定是相悖的。

　　这些事实更加明确地表达了以下内容:第一,两国政府之间由于条约而引起的分歧,和跨洋交通线处置方法的基本原则没有关系,其根源在于布莱恩先生坚称的条文。他希望美国和英国都不能在中美洲占领土地的条款能够继续发挥效用,但是他又希望能够废除禁止美国在运河及其周边地区构筑防御工事以及进行政治控制的条款;第二,美国政府在整个争端中的意见不断地在变化。他们宣称没有任何想要获取运河独占权的想法,希望英国放弃中美洲的领土,但是他们对这种原则的使用又将哥伦比亚和墨西哥排除在外;第三,英国政府曾经一度因为双方之间的争端考虑废除条约,但是美国却只愿意维持 1850 年的状况,这在当时是不可能的,因为这会对两国的友好关系造成威胁,现在则更加不可能了。①

内战后,随着美国实力的逐渐增强,美国向南扩张的需求开始进一步增强。作为连接南北美洲的交通要道,美国在地峡运河上的利益也开始凸显。1878 年,法国人巴拿马运河工程的开启成为美国运河政策调整的直接导火索。美国以外交攻势迫使哥伦比亚收回运河工程合同,反而使哥伦比亚转向欧洲寻求联合中立。而美国在运河地区的行动却被与英国签订的《克莱顿-布尔沃条约》缚住了手脚。这种双重困境的局面促使美国对运河政策做出调整,以保障美国的运河利益。美国的首要行动就是与英国进行外交协商,以求废除《克莱顿-布尔沃条约》,为美国在中美洲的行动解除限制。

　　从三十年前的急于签订条约以阻碍英国,到现在的迫切希望废除条约,美国的政策发生了很大的变化。在这种变化背后,其实是美国实力的增长和民族自尊心、国家荣誉感的增强。在这短短不到的三十年间,美国的领土从东海岸延伸到了西海岸。资源的开发和铁路交通的发展,使得美国经济

----

　　①　48th Congress, 1st Session, *Senate. Ex. Doc. No.* 26, p. 411.

取得了长足的发展，实现了经济腾飞。为了维护国家团结和自尊，美国开始更加积极地推行门罗主义。这就意味着必然要将欧洲国家的势力从这片大陆上排除出去。

除向英国要求废除《克莱顿-布尔沃条约》外，美国还试图联合中美洲国家，希望他们能够再一次组成联邦来抵御欧洲国家（主要是英国）在这一地区的扩张和控制，并承诺给予经常性的援助和鼓励以促进联盟的团结。但是洛根对此并不乐观，在给布莱恩的一份报告中他提出："只有在绝对君主制的强力下，在充足资源的支持下，中美洲国家才能够连接起来成为一个联邦。"布莱恩没有放弃，他建议几个地峡国家在巴拿马会面以讨论地峡事务，[1]但是最终这个建议也没有被采纳。美国的外交努力陷入了僵局。

第二节　与巴拿马运河的竞争：尼加拉瓜运河计划

在一系列的外交行动都以失败告终的情况下，美国需要采用新的方式来抗衡巴拿马运河工程所带来的影响。从当时来看，英国没有允许美国单独保持运河中立的想法。对阿瑟来说，不论运河是在巴拿马还是尼加拉瓜开凿，都必须在美国的控制之下，因为它天然地成了美国南方海岸线的一部分。[2] 于是，唯一的解决方法似乎就是放弃巴拿马运河，开凿另一条中美洲运河，以保持美国在中美洲的影响力——不论这种影响力是商业性的还是政治性的。国务卿的想法与总统不谋而合。正如前文所提到的，国务卿弗里林海森认为《克莱顿布-尔沃条约》已不再具有效力。[3] 于是美国决定抛开英国，实施由美国控制的运河计划，从而与巴拿马运河抗衡。

从有人提出在中美洲建造运河开始，对运河的选址已经吸引了许多国家进行调查。到了 19 世纪末，基本上有三条被各国公认可行性比较大的运河路线。

第一条是特万特佩克地峡路线（Tehuantepec）。此路线经过墨西哥南

---

①　48th Congress, 1st Session, House of Representatives, *Ex. Doc. No.* 154, p. 5.

②　Message from the President of The United States, Transmitting a Treaty Signed on the 1st of December 1884, Between the United States and the Republic of Nicaragua, Providing for the Construction of an Interoceanic Canal across the Territory of that State, December 10, 1884, 48th Congress, 2nd Session, *Confidential Executive F.*

③　弗里林海森的对运河政策考量可参见 48th Congress, 2nd Session, *Confidential, Executive H.*, pp. 1-11.

部,可以轻易地通往美国的密西西比盆地,沿途气候环境优越,但是在地理和水文条件上比较不利。首先,需要进行的挖掘工程太大,实际大约需要挖掘约 150 英里的运河沟渠。同时由于分水岭过多,还需要建造数量较多的水闸来进行跨域,而最高点塔里发(Talifa)的海拔高度超过 700 英尺,其最低点却没有足够的水量可以将这里淹没,工程难度较大。另外,该路线的北面无法找到一个合适的港口,南方却有无数的小河将山脉的碎屑分散带到太平洋沿岸的泻湖中。以上种种原因导致这里无法建造合适的运河,于是很多比较赞同该路线的人建议采用移船轨道的方式进行通航。

剩余的两条路线即尼加拉瓜路线和巴拿马路线。与已经开始施工的巴拿马路线相比,尼加拉瓜路线具有明显的优越性。不仅需要挖掘的路线比较短,而且分水岭的海拔较低,建造水闸进行穿越的难度也较小。最后,这里的水资源充足且稳定,沿岸气候稳定温和,运河可以常年运行。比较明确的缺陷是运河路线需要穿越火山地带。鉴于尼加拉瓜是火山活跃地区,因此这个问题比较严重,而且运河路线的两头也没有特别合适的港口。

至于巴拿马路线,虽然需要进行挖掘的距离是所有路线中最短的,还有合适的港口等等。但是另一方面,这里的气候极度恶劣,运河途径的查克雷斯河(Río Chagres)水量也不稳定。鉴于查克雷斯河会反复穿越运河路线,因此有必要使这条河的水流以某种方式分流,同时保持运河河床的清澈。如果无法照此维持,就需要使用水闸抬高水位。但是这样一来,尼加拉瓜路线就显得更为有利了。[①] 在美国已经失去对巴拿马运河控制权的情况下,尼加拉瓜运河似乎成了美国最好的选择。

美国曾在 19 世纪早期获得过尼加拉瓜的运河建设合同。但是 19 世纪中期,美国人威廉·沃克(William Walker)对尼加拉瓜的侵略和征服[②]使两国关系急转直下。尼加拉瓜虽然仍然需要外国的支持来建设运河,但是却不再信任美国。这种情况在巴拿马运河计划开启后发生了变化。从尼加拉瓜的角度来看,如果巴拿马运河建成,尼加拉瓜运河将再无开凿的可能。当欧洲资本都集中于巴拿马运河工程时,美国资本成了尼加拉瓜最好的选择。需要指出的是,尼加拉瓜倾向由私人公司接手运河工程。

① Lindley Miller Keasbey, *The Nicaragua Canal and the Monroe Doctrine: A Political History of Isthmus Transit*, with *Special Reference to the Nicaragua Canal Project and the Attitude of the United States Government Thereto*, G. P. Putnam's Sons, Entered at Stationers' Hall, 1896, pp. 13-16.

② Doubleday, C. W. *Reminiscences of the Filibuster War in Nicaragua*, G. P. Putnam's Sons, 1886.

　　1881 年,曾调查过尼加拉瓜路线的门尼科(A. G. Menocal)①与艾门上将(Admiral Ammen)、赛斯·菲尔普斯上校(Captain Seth L. Phelps)等人成立了临时跨洋运河协会(Provisional Interoceanic Canal Society)并成功从尼加拉瓜政府处得到了建造尼加拉瓜运河的合同。② 支持尼加拉瓜运河计划的美国前总统格兰特被推举为协会的领导者。由于尼加拉瓜运河条约要求成立一个常规的运河公司来进行工程,因此在前总统格兰特的公开支持下,艾门和菲尔普斯重组了公司,成立了尼加拉瓜海上运河公司(The Maritime Canal Company of Nicaragua),并且公开发行了他们的运河计划股票以筹资。在这一计划中,运河的路线将主要沿着圣胡安河的东南边缘穿过尼加拉瓜湖,穿越太平洋海岸陡峭的山脉,总长超过五十英里。

　　根据尼加拉瓜运河工程合同,尼加拉瓜海上运河公司需要在 1880 年 5 月 22 日起的两年内开始运河的建设。由于无法获得足够的投资,公司开始向政府求助,希望国会能够提供财政保障。③ 但是尼加拉瓜运河计划却面临巴拿马运河工程以及詹姆斯·布坎南·伊兹(James Buchanan Eads)的特万特佩克地峡运河计划的竞争。④ 国会迟迟无法决定应该支持哪一个运河计划。虽然公司成功地说服尼加拉瓜政府将合同延长至 1884 年 9 月 30 日,但是各个运河工程的主导者们为了争取政府的支持仍然在国会保持着焦灼的竞争态势,而谁也无法取得明显的优势。

　　美国国内对运河的态度也大不相同。大部分支持运河的人主要来自美国西海岸和南部,因为运河可以缩短他们的贸易路线使其受益。

---

　　① 门尼科曾经三次受命前往调查尼加拉瓜运河路线。

　　② *Concession Granted by the Republic of Nicaragua to the Provisional Interoceanic Canal Society for Ship-canal Across that Country*,Gibson Brothers Printers, 1880.

　　③ 这种以官方作担保的公私合营方式成为美国这一时期私人运河工程追求的普遍形式。这实际上也意味着政府开始介入经济活动。这与美国长久以来坚持的自由经济是不同的,也是国会表示犹豫的原因之一。

　　④ 1881 年 5 月 6 日,詹姆斯·布坎南·伊兹从墨西哥政府处得到了开凿特万特佩克地峡运河的合同。根据伊兹的计划,这个工程将花费约 1875 万美金,采用移船轨道的方案进行建造。为了获得政府的支持,他向国会请求财政保障,并在众议院委员会多次为他的工程计划进行游说。由于在跨密西比大桥上的成功,国会在报告中对伊兹的计划表示了初步的批准。报告中说道,"在世界上最优秀和最著名的工程师们、海上建筑师们以及船只建造师们的观点来看,由伊兹先生提出的穿越特万特佩克的建造计划是非常可行的,不论是在经济上还是在技术上。" Elmer L. Corthell,*The Interoceanic Problem, and Its Scientific Solution:An Address Before the American Association for the Advancement of Science,Third Edition*,Thirty-Fourth Meeting,Ann,Michigan,August 26,1885.众议院的另一份报告也提出了类似的观点。46th Congress,3d Session,*House of Representatives,Report. No.* 322.,February 22,1881,pp. 1-5.

为了获得支持，三条运河路线的竞争者们在国内开展了各种宣传和舆论竞争。除了在国会内部进行游说，①各方都制作了不少宣传各自运河计划以及攻击竞争对手的宣传册在公众中散发，如艾门上将所著的针对伊兹的《尼加拉瓜运河的确定性与伊兹的移船轨道计划的不确定性的对比》。②

德·莱塞普并不担心伊兹的竞争，因为移船运河的计划与巴拿马运河是完全不同的两个计划。但是尼加拉瓜计划则不同，这个计划将是巴拿马运河的有力竞争对手。在同样寻求美国政府财政支持的伊兹来看，几乎可以确定的是，美国政府绝不会支持由法国人控制的运河工程，那么唯一能够与之竞争的就是尼加拉瓜运河计划了。所以这两股势力自然而然地就联合在了一起，共同阻止国会支持尼加拉瓜计划。③ 最终尼加拉瓜海上运河公司也没有得到足够的支持，运河工程合同也在1884年秋天失效。由私人主导的尼加拉瓜运河计划以失败告终。

伊兹也远没有在国会中争取到足够的支持者。从结果来看，也许法国人成了最后的赢家，毕竟他们已经在世界各地得到了大量的投资，工程也已启动。

美国国内由私人主导的运河计划失败的原因是多样的。从现实来看，德·莱塞普的成功经验使他轻易地获得了大量的资本支持，许多美国人认为耗资甚巨的运河工程交给法国人更为稳妥。而且在19世纪80年代以前，世界经济奉行的自由主义使许多人对政府插手经济活动有所抵触，而美国政府显然也并不乐意破坏这一传统。④ 同时政府也不愿意承担巨大的运河工程所带来的风险。

到阿瑟政府时期，一向保守的国务卿弗里林海森在运河问题上却采取

---

① 关于伊兹在国会内的游说，详见 46th Congress，3rd Session，House of Representatives，*Report. No. 322.* 反对意见详见 46th Congress，3rd Session，House of Representatives，*Mis. Doc. No. 13.* 关于各派在国会的游说活动具体可参见 46th Congress，3rd Session，House of Representatives，*Mis. Doc. No. 16.* Testimony Taken Before the Select Committee on Interoceanic Ship Canal in Regard to the Selection on a Suitable Route for the Construction Across the American Isthmus，February 1880.

② Daniel Ammen，*The Certainty of the Nicaragua Canal Contrasted with the Uncertainties of the Eads Ship-Railway*，J. Shillington，1886.

③ Lindley Miller Keasbey，*The Nicaragua Canal and the Monroe Doctrine：A Political History of Isthmus Transit*，*With Special Reference to the Nicaragua Canal Project and the Attitude of the United States Government Thereto.* G. P. Putnam's Sons，Entered at Stationers' Hall，1896，p. 387.

④ 霍布斯鲍姆指出，19世纪中期的资本主义是以竞争性自由市场经济为理想。在某种程度上，实际情形亦是如此。这种状况在70年代后期才逐渐发生变化。Eric Hobsbawm，*The Age of Empire*，*1875－1914*，Vintage，1989，p. 54.

了激进的策略，美国的运河政策也发生了重大变化。美国政府开始正式介入尼加拉瓜运河工程。在坚信法国政府支持巴拿马运河工程的情况下，国务卿对美国私人资本进入运河工程并不具备信心，毕竟这样一个耗费巨大人力物力的工程，单靠私人资本太过困难。

于是，在1884年4月初，在无视《克莱顿-布尔沃条约》的情况下，弗里林海森指示菲尔普斯(Seth L. Phelps)立即前往尼加拉瓜进行谈判，争取为美国得到一份尼加拉瓜运河条约。① 弗里林海森强调美国希望与尼加拉瓜合作共同建造和运营运河。美国没有任何干涉尼加拉瓜主权的想法，只是为了阻止其他国家对尼加拉瓜主权的侵犯。② 但是尼加拉瓜总统仍然在美国开出的条件和本国的民族主义之间犹豫不决。威廉·沃克带来的美国侵略的记忆仍未消退，尼加拉瓜担心这会成为美国兼并尼加拉瓜的前奏。

6月中旬，《纽约时报》报道称政府请求国会为尼加拉瓜运河计划秘密拨款25万美金。弗里林海森随后解释，这笔拨款是参议院的想法，他本人仅在几次国会会议上对此进行辩护而已。对此表示怀疑的国会议员和记者们则仍然言辞激烈地怀疑这笔钱是否是为了买到尼加拉瓜的合同以及贿赂尼加拉瓜。③

尼加拉瓜方面派出了外交官在中美洲国家间就运河问题征询意见。危地马拉总统巴里奥斯为了使美国支持他的中美洲联邦计划，向尼加拉瓜施压，要求其接受美国的条件。而危地马拉的盟友萨尔瓦多和洪都拉斯也都劝说尼加拉瓜总统接受美国的条件。哥斯达黎加外长也向美国表示了支持。④

7月26日，弗里林海森在电报中指示美国驻中美洲公使向尼加拉瓜政府提出新的条件。他建议运河由美国单独建造，但是所有权由美国和尼加拉瓜共同拥有。同时，两国应当组织一个五人委员会对运河事务进行管理，其中三人由美国指定。尼加拉瓜将得到运河收入的四分之一，同时两国结

---

① Frelinghuysen to Seth L. Phelps, January 23, April 2, 16, 28, 1884, U. S. *Instructions*, Peru X

② Frelinghuysen to Hall, March 8, April 3, U. S. Instructions, Central America, XVIII, pp. 457-459.

③ David M. Pletcher, *The Awkward Years*, *American Foreign Relations Under Garfield and Arthur*, The Curator of the University of Missouri, 1962, p. 275.

④ J. Fred Rippy, "Relations of the United States and Guatemala During the Epoch of Justo Rufino Barrios," *The Hispanic American Historical Review*, Vol. 22, No. 4 (Nov. 1942), pp. 595-605.

成防御同盟。① 从纯经济的角度考虑,尼加拉瓜本身并没有进行如此庞大工程的人力和物力。而一旦巴拿马运河建成,所带来的便利性会让许多人放弃在尼加拉瓜建造运河。这对尼加拉瓜来说将是巨大的损失。另一方面,美国提出的统领运河事务的委员会由美国人占多数,基本奠定了在运河事务上美国人占主导的基调。

随着法国在巴拿马运河工程的顺利进行,在经过多方考量之后,②尼加拉瓜基本接受了美国的条件,并且派遣特使扎瓦拉(Joachim Zavala)前往华盛顿与美国进行谈判。1884 年 12 月 1 日,双方签订了《弗里林海森-扎瓦拉条约》(Frelinghuysen-Zavala Treaty)。通过该条约,美国获得了建造和保护运河的权利,并承诺将在十年内完成此工程。美国将与尼加拉瓜结成防御同盟,并提供给后者大笔资金建设公共工程。③

单从结成防御同盟来看,美国付出了比较高的代价。即使是到了 19 世纪 80 年代美国对外扩张的时期,美国国内的主流观点仍然认为不应该与任何国家结盟,这是美国建国以来就一直恪守的原则。因此,弗里林海森提出的与尼加拉瓜结盟的条件,极有可能无法在国内获得支持。

美国国内对尼加拉瓜运河条约产生了激烈的反应。条约的支持者们认为这将是美国践行门罗主义的一次有益尝试,意味着美国行使了其天然的权利。《纽约先驱报》(New York Herald)认为它展示了美国在国际事务中扮演合适角色的重要决心,④同时还引用了许多其他报纸对这一条约的支持。"这是国家发展的伟大计划……实际上,与其说这是一次商业投资,不如说它是一项爱国事业。"⑤如果英国反对,对美国来说将是解决《克莱顿-布尔沃条约》问题的好时机。他们认为,运河有助于美国重申门罗主义和重建美国海军。

另一些人以不同的理由提出反对意见。比如,海军准将罗伯特·舒费尔特(Robert W. Shufeldt)认为,任何的地峡运河都将打破美国铁路公司在

---

①　Frelinghuysen to Hall,July 26,August,27,1884,No. 173,U. S. ,*Instructions*,Central America,XVIII,pp. 452-453,pp. 461-463.

②　尼加拉瓜还担心被巴里奥斯强迫参加中美洲联邦,这也使得与美国结盟变得有吸引力。

③　Samuel Pasco,"The Isthmian Canal Question as Affected by Treaties and Concessions," *The Annals of the American Academy of Political and Social Science*, Vol. 19, Commerce and Transportation (Jan. 1902),pp. 31-32.

④　"The Nicaragua Canal Scheme,what the state Department wants a quarter of million dollars for,"*Washington Post*,June 30,1884,p. 2.

⑤　"The Nicaragua Canal Scheme:Debate in the United Stares Senate,"*The Machester Guardian*, December 29,1884,p. 8.

跨大陆交通上的垄断，反而会让英国和法国控制太平洋的贸易。另一些批评家们则从商业角度出发，怀疑运河是否会稳定地带来收益，特别是在和巴拿马运河竞争的背景之下。他们还建议对运河有兴趣的人们去投资德·莱塞普公司的股票。显然，在反对者们看来，德·莱塞普的巴拿马计划风险更小。和平主义者和节约主义者们则认为，如果美国希望在没有英国的帮助下保卫运河的话，意味着将需要一支规模更大的海军。①

也有人从违宪的角度对条约提出质疑，因为条约很有可能会最终导致美国兼并尼加拉瓜，这将告诉世界，自治政府是一种妄想，同时还会鼓励欧洲的殖民主义。而且条约给予了尼加拉瓜太多的利益，可能存在贿赂腐败问题。许多媒体都宣称，尼加拉瓜以一笔惊人的交易剥夺了阿瑟政府的权力，因为批准这一条约的时间太短了。他们认为如果再等待一年，美国可以得到更好的条件。②

1884年，英国《泰晤士报》的报道表达了英国对尼加拉瓜运河条约的反应：英国人希望美国政府能够尊重双方之间的条约。③ 中美洲国家的反应则比较复杂。危地马拉总统巴里奥斯对这个条约表示欢迎，而哥斯达黎加则要求共享利益，因为所议定的运河将经过哥斯达黎加和尼加拉瓜的领土争议地区。哥斯达黎加威胁将领土争端提交仲裁，这必将影响运河工程的开展。④

除此之外，在《克莱顿-布尔沃条约》的束缚下，许多人担心政府直接进行这样的缔约行为，有可能导致与英国之间的外交纷争甚至是冲突，重现19世纪中期与英国对峙的局面。从美国一方来说，尼加拉瓜运河条约的具体内容，尤其是结成防御同盟一项，违背了美国建国以来一直坚持的不结盟原则，引发了非常大的反弹。许多人认为美国不应该牵扯进混乱的中美洲事务中，与尼加拉瓜的条约意味着美国存在在这一地区开展殖民活动的可能，从而让美国承担额外的义务和责任。⑤ 美国国内的众多反对意见说明，

---

① *New York Journal of Commerce*, December 16, 1884, p. 2.

② "The Nicaragua Canal," *New York Times*, December 29, 1884, p. 4. 讨论了尼加拉瓜运河路线的领土问题，以及与哥斯达黎加的争端问题，认为尼加拉瓜路线存在风险。

③ "The Nicaragua Canal Treaty," *Times* (London), December 17, 1884.

④ 49th Congress, 2nd Session, Senate, *Ex. Doc. No. 50*, No. 4, 6, 7, December 21, 1886.

⑤ 弗里林海森对于1850年条约中"美英双方都不得在中美洲任何地区殖民或统治"一条的理解，实际上证明了美国确实有在这一地区殖民的可能。他提出，这条规定指的是在运河的问题上，某个群体阻止其他任何国家在运河警戒管理方面对另一个国家有任何优势，例如反对占领和强化的规定，以及反对利用任何亲密关系或影响力，但是这个条约没有禁止英国在中美洲拥有大规模的殖民地，那么同样地，它也不禁止美国在那里不能拥有殖民地了。Frelinghuysen to Lowell, *FRUS*, 1883, No. 266, p. 477.

美国国内普遍对在中美洲扩张势力的问题兴趣不大,更多人只对商业有兴趣。

1885 年,民主党人克利夫兰成为新总统。和他的前任们不同,克利夫兰在外交上更为保守。虽然仍然支持美国控制运河,但是他更倾向由私人资本进行投资与建设,而非官方的直接参与。尼加拉瓜条约中关于"结盟"的条款促使克利夫兰最终撤回了条约。

在 1885 年的总统讲话中,克利夫兰说:"我将遵循从华盛顿时代以来的先例,不与外国纠缠在一起。我并不赞成占领新的遥远的土地,或者将遥远地区的利益和我们本国的利益结合起来。因此,我无法提供涉及我国领土之外的所有权和最高特权的建议,当它无限制地与保护领土完整联系在一起。虽然现在通过运河连接两大洋的计划是得到鼓励的,但是我认为,无论最终通过何种计划,都应该不受以上所提到的特点的约束。"①克利夫兰赞成在国家担保之下,由美国私人公司出资建造这条运河。② 这样的运河政策鼓励了资本家们重新开启对运河的热情。

1886 年 12 月,另一个临时运河协会成立,并在次年 3 月再次派遣门尼科前往尼加拉瓜谈判。1887 年 4 月 24 日,门尼科又一次成功地从尼加拉瓜到一份比较有利的运河合同,并且成立了尼加拉瓜运河建筑公司,很快开始为运河工程的建造进行最后的调查和技术准备。

和 19 世纪 80 年代初一样,这个公司再一次向国会和政府请求财政上的支持和保证,由于迟迟得不到回应,这家美国公司不得不面临向欧洲寻求资本帮助的境地。于是参议院外交关系委员会授权就尼加拉瓜运河计划进行调查。在听取了调查报告之后,委员会和公司共同起草了一个决议,即美国政府与尼加拉瓜运河建筑公司共同合作,共同成立尼加拉瓜海运运河公司。这个决议在没有使运河公司国有化的情况下对其进行财政保证和支持。③ 但是与之前一样,美国国会内部仍然无法达成一致,仍然有人担忧与英国的外交冲突,而更加倾向由私人资本完全控制和经营的模式。也有人

---

① Annual Message to Congress, December, 1885, *The Public Papers of Grover Cleveland: Twenty—second President of the United States, March 4, 1885, to March 4, 1889*, Government Printing Office, 1889, pp. 16-17.

② James D. Richardson, *A Compilation of the Messages and Papers of the Presidents*, Vol. 8, Bureau of National Liberature Inc., pp. 327-328.

③ 51st Congress, 2nd Session, *Senate Report. No. 1944*, pp. 18-20, 51st Congress, 2nd Session, *Congressional Record*, No. 22, pp. 2224-2225.

从法律程序上反对这样一个决议。① 尼加拉瓜海上运河公司最终在 1893 年正式破产。虽然此次运河计划仍然没有成功，但是可以发现，政府已经改变了此前不参与私人工程的态度。

至于伊兹的特万特佩克地峡运河计划，虽然他在国会积极为自己的计划游说，但是对工程难度的疑虑和尼加拉瓜路线的竞争仍然让他无法获得成功。伊兹最终在遗憾中于 1887 年去世。

与此同时，法国人的运河工程也并不顺利。首先是运河的工程难度超越了苏伊士运河，使得整个运河的预算不断扩大。除此之外，中美洲地区的恶劣环境大大降低了建造工程的工作效率。黄热病等传染病严重地影响了工人的身体健康。公司内部领导干事的频繁更换和内部腐败等问题都使得运河工程进行得异常艰难。1888 年，德·莱塞普的公开募资失败，运河工程无法获得足够的资金继续进行。在 1889 年 1 月的最后一次会议上，股东们决定解散公司。1889 年 5 月 15 日，所有的工程都停止了。巴拿马运河工程最终也失败破产。

法国人运河工程的失败在一定程度使得美国人对运河的狂热衰减了。一直到 90 年代美国开始全面扩张，美国国内才开始比较一致地支持由政府建造和控制运河。

在泛美主义的影响下，连接南北美洲的地峡运河对美国来说呈现出越来越重要的作用。而法国人的巴拿马运河工程直接导致美国在运河政策上作出了重大的调整。美国一方面加紧同英国政府的谈判，希望废除美英双方 1849 年条约，解除《克莱顿-布尔沃条约》对于美国的束缚。另一方面，美国加紧和中美洲国家联系，引导中美洲国家作为利益主体来拒绝甚至抵制由欧洲开展的运河工程计划，并支持在这一地区开展由美国主导的运河计划。美国还联合尼加拉瓜，准备进行尼加拉瓜运河的开凿。同时援引 1846 年与哥伦比亚签订的条约，坚持对中美洲地峡的权利，从而达到排除欧洲国家势力的目的。然而美国的联合政策并没有获得意想中的效果。

美国以 1846 年条约为由，多次对哥伦比亚进行指责，招致了后者的反感。尤其是在 1885 年哥伦比亚请求美国帮助其平息巴拿马地区的叛乱中，②美国以 1846 年条约为根据，认为哥伦比亚无法很好地履行保卫地峡

---

① 反对的意见可见 50th Congress, 1st Session, *House of Representatives*, *Report. No.* 530, February 16, 1888. 支持的意见可见 51st Congress, 1st Session, *House of Representatives*, *Report. No.* 3035.

② 48th Congress, 2nd Session, *Senate*, *Mis. Doc. No.* 12, p. 506.

运河的任务,派出了大规模军队,并且在叛乱结束后仍不愿意撤军,甚至要求获得长期驻扎的权利。这一系列的行为激起了哥伦比亚国内的民族主义情绪,反而使他们更加倒向欧洲。

1885年,当哥伦比亚试图就其与哥斯达黎加之间的领土争端请求欧洲国家首脑的仲裁和调解时,美国对其横加干涉,致信接到请求的欧洲首脑们,以严厉的口吻要求这些欧洲领导者们拒绝哥伦比亚的请求,还公开表示美国能成为这一争端的调解者。"1846年条约赋予美国的义务和权力将使其不可避免地卷入到其中。但是在真正的调解中……似乎也没有人考虑到美国利益在其中受到了影响。在此美国声明希望维持目前利益的现状,美国不希望受到影响。或许其他国家的调解结果可以让美国认可,否则美国将不受到调解结果的约束,坚持维护自己的利益。"①

这一时期中美洲的两个运河工程——巴拿马运河工程与尼加拉瓜运河工程——之间的竞争,从根本上来说是美国与欧洲在中美洲地区的霸权竞争,也是拉丁美洲国家借助欧洲与美国力量进行的竞争。哥伦比亚为了节制美国而引入欧洲的力量来保持运河的共同中立,而尼加拉瓜为了能与巴拿马运河竞争,则引入了美国的力量。这种由拉丁美洲国家主动引入外国势力的情况,在这一时期使得美国与欧洲在这一地区的竞争变得更为复杂,也使美国的泛美主义推行遭到挫折。

---

① 48th Congress, 2nd Session, *Senate*, *Mis. Doc. No. 12*, p. 509.

第五章　美洲体系的初步建构

　　从国务卿詹姆斯·布莱恩在 1881 年提出美洲合作的口号开始,美国试图与拉丁美洲在多领域进行合作,从布莱恩的美洲仲裁体系,到弗里林海森的贸易互惠体系,美国尝试通过这些合作来加强拉丁美洲国家与美国的联系,以对抗欧洲国家在这些地区和国家的影响力,为美国在西半球的扩张扫清障碍。在此过程中,美国开始逐渐形成完整的拉丁美洲政策体系——美洲体系。同时,美国国内对于发展与拉丁美洲之间的关系的呼声越来越多,最终在 1889 年召开了第一次美洲国家会议,这次会议讨论了政治经济文化方面的诸多议题,事实上综合了美国 19 世纪 80 年代的拉丁美洲政策,逐渐形成了一个相对完整的美洲体系。然而拉丁美洲国家并没有接受美国所提出的美洲体系,随着一些拉美国家国力的逐渐增强,美国除面临欧洲的势力外,又面临了拉美国家的竞争关系。如果单从成果来看,泛美会议取得的成果是不明显的,这说明美国国内对于一系列的泛美联合行动以及与拉丁美洲国家之间发展政治和经济上的联系的看法并没有达成一致。但是这场会议让来自十七个国家的代表们聚集到一起,向他们展示了美国的经济实力和生产力,确保了他们在原则上认可更紧密的经贸关系,并且传播了西半球仲裁理念。这次会议扩大了美国的影响力和声望,在某种意义上来说削弱了英国在拉美地区的政治经济势力。这次会议之后,弗里林海森时期的互惠贸易开始实施。常规的美洲国际会议体系也开始逐渐确立,美国欲构建的美洲体系逐渐出现完整的框架。

第一节　美国拉美政策基本框架的确立:1889 年
美洲国家会议的召开

1885 年,弗里林海森时期为了推动互惠贸易政策所派遣的中南美洲考察委员会回国,带来了大量关于拉丁美洲政治经济文化的信息,引起了许多美国人的关注。更多人开始对与拉丁美洲国家发展更加密切的关系产生兴趣。随着 1882 经济危机的发生,以及从 1886 年开始的严寒天气、冰冻天气对整个牧牛业的毁灭性打击,小麦种植主和磨坊主们开始请求政府帮助他们获得拉丁美洲市场,与拉丁美洲之间建立更为紧密的经济联系开始被更多人接受。

伴随着经济需求的是社会达尔文主义在美国的逐渐流行。19 世纪 70 年代还拒绝刊登斯宾塞著作的《北美评论》和《大西洋月刊》从 80 年代开始多次刊载斯宾塞的作品,一直坚持宗教正统思想的耶鲁大学也开始将斯宾塞的《第一原理》《心理学研究》引入课堂,作为本科生教材。[1] 1882 年秋,斯宾塞到美国旅行,美国的斯宾塞热达到高潮,该巡回演出中,美国作家、科学家、政治家、神学家和商人围绕社会达尔文主义的理论聚集在一起。社会主流对斯宾塞的吹捧让他本人也感到十分尴尬。[2]

与宗教的结合更加促进了社会达尔文主义的传播。1885 年牧师乔赛亚・斯特朗(Josiah Strong)在《我们的国家》(Our Country)中鼓吹美国人是世界上最强大的民族,应向其他国家传播"美国优越的基督教文化"。"这个种族(美利坚民族)具有强大的力量,拥有着无尽的财富。我们应该期待它成为伟大、自由、纯正的基督教和最高文明的守护者。这个种族积极进取的特性,足以把它的制度传播给全人类,将它的统治扩大到整个世界。"[3]社会达尔文主义实际上为美国人朦胧的种族优越感和海外扩张的思潮提供了更为坚实的理论依据,向拉丁美洲传播美国的先进文化,改变美国人认为的落后无序的拉丁美洲的思潮开始流行。

从 1885 年开始,不断有议员提出有关召开美洲联合大会的决议。这些

---

① 王生囯:《赫伯特・斯宾塞的思想对镀金时代美国社会影响研究》,东北师范大学 2017 年博士论文,第 73 页。

② Barry Werth, *Banquet at Delmonico's*: *The Gilded Age and the Triumph of Evolution in America*, University of Chicago Press, 2011.

③ Julius W. Pratt, *Expansionists of 1898*, The Johns Hopkins Press, 1936, p. 6.

决议的内容包括建立美洲关税同盟、互惠贸易、解决各国分歧、跨洲铁路，等等，议员们认为这些问题都可以在一次美洲联合会议上得到解决。①

克利夫兰总统与国务卿贝亚德自然也意识到了美国经济对海外市场的需求，但是他们认为，这种双方贸易的发展更应该通过废除美国的一些不利于贸易的法律，而不是通过与拉丁美洲的联合行动来实现。克利夫兰的这种观点实际上印证了许多民主党人在这一时期的政治诉求。在19世纪80年代激烈的关税争论中，民主党人坚持进行关税的改革，认为降低关税可以减少政府的财政盈余，从而降低物价水平，这是与共和党所坚持的保护主义完全相反的立场。

1886年对于一份提案的争论清晰地反映出两党在以美洲合作促进美国发展问题上的不同立场。1886年4月15日，来自肯塔基的麦克雷利（McCreary）提出决议，请求给予总统召开一次美洲大会的权力，邀请拉丁美洲国家参会，促进和平关系和互惠贸易关系。决议中不仅指出了当前商业面临的萧条，以及美国国内剩余商品有限的市场导致的农产品低价，还分析了与拉丁美洲的进出口贸易，认为英国在贸易中的领先地位得益于便利的交通以及更加适应拉丁美洲消费需求的产品，指出美国的商品很难在拉丁美洲打开销路的困境。报告最后指出，美国并不是想要控制这样一个会议，只是邀请美洲国家共同讨论仲裁计划，以及促进商业联系的问题，从而鼓励互惠贸易的开展。值得注意的是，报告还提出会议将不被赋予直接签订条约的权利。

然而，反对意见认为，这样一个大会的召开存在诸多问题。首先目标不明确。根据议案的要求，其所达到的目的有三个：一是仲裁计划，二是讨论有关商业发展的问题，三是鼓励发展和平和互惠的商业关系，从而为这些国家的商品拓展市场。但是这些都是非常宽泛的目标，并没有非常具体的措施。其次，职权不明确，总统谈判条约的权力来自众议院，因此如果由大会谈判条约，将是违宪的行为。

最后，对于具体的问题没有明确的定义，比如美国所认为的分歧和争端的具体定义，仲裁的实施手段，是否需要武力支持等问题。反对派们认为，在美国国内对于这样的一个仲裁体系没有明确的规划之前，就将这样的议

---

① 51ᵗʰCongress, 1ˢᵗ Session, *Senate*, *Ex. Doc. No. 232*, Vol. 4, pp. 308-312. 1885年12月21日，汤森德提出建立美洲国家之间的关税联盟的提案。1886年初，沃星顿提出一个联合决议，给予总统召开一个美洲国家大会的权利，以解决各国之间的分歧。1886年2月，赫尔伯再次提出类似的决议，希望授权总统召开一个美洲大会，来讨论互惠贸易关系的问题以及建设跨洲铁路的问题。

题与其他的美洲国家讨论是不合适的。在所谓的促进贸易和交流的问题上也是如此,"以此为目标,美国最终需要达成的结果都没有具体的说明,而且在讨论商业问题时,美国的关税问题也会不可避免地被讨论,最终所提出的互惠关系所需要付出的代价很可能就是我们的保护主义关税"。他们还进一步提出,关税改革和互惠条约的失败已经证明了关税问题的复杂性,因此单凭一个国际会议和一系列条约并不能实现所谓的互惠贸易的目标,反而会使美国陷入他国纷争的危险,尤其是欧洲国家是中南美洲许多国家的债券持有者。①

在民主党推进关税改革的时期,美洲联合会议注定无法得到太多的支持,因为民主党并不愿意接受共和党的互惠政策而在关税问题上妥协。然而情况从 1887 年开始发生变化。民主党推行的关税改革遭到连续的失败,到了 1888 年,两党对于经济发展的共同立场使双方最终达成了妥协,同意总统邀请各国代表召开一次大会。②

1888 年 5 月 10 日,召开一次泛美大会的决议最终通过,根据通过的法案,会议将于 1889 年 10 月 2 日在华盛顿举行,每个参会国家可以自行决定派遣代表的数量,但是只能拥有一票的投票权。这个大会将会讨论以下问题:第一,保持和促进美洲国家的繁荣;第二,美洲关税同盟;第三,交通和通讯;第四,统一的关税和港口规则;第五,统一的重量和度量体系以及统一的版权法和专利以及罪犯引渡;第六,统一的银币;第七,解决所有争议的仲裁计划;第八,任何有关参会国家福祉的主题。③ 这个决议中所提出的讨论内容基本上囊括了 80 年代倡导美洲合作的一系列决议的内容。

1888 年 6 月 13 日,国务卿托马斯·贝亚德(Thomas Bayard)向所有的中南美洲国家发出了会议的邀请,其中还包括海地和圣多明各。在邀请中,他说道:"我希望你们能注意到这个会议所建议的议题和目标的范围,正如大家所知的那样,这个会议将仅仅是商议性的和建议性的。这个会议将完全不会约束任何一方,也不会影响或者损害出席的国家之间任何现存的条

①　49th Congress, 1st Session, *House of Representatives*, *Report. No. 1648*, p. 1.

②　根据英国驻美大使朱利安·庞斯福特(Julian Pauncefote)的说法,这个决议得到了众议院大部分民主党和参议院的大部分共和党人的支持,前者希望能够促进自由贸易,后者则希望能够减轻保护主义体系的压力。Memorandum by Pauncefote, February 15, 1890, F. O. 5/2085. 转引自 Joseph Smith, *Illusions of Conflict*, *Anglo-American Diplomacy Toward Latin America*, *1865－1896*, University of Pittsburgh Press, 1979, p. 131.

③　*International American Conference Reports of Committees and Discussions Thereon*, Vol. 4, Government Printing Office, 1890, pp. 329-331.

约关系……会议当然还可以自由讨论一些其他的议题,只要对于代表国家的福利是重要的。"①邀请中还提出,本次大会是为了促进美洲的和平与安定,促进美洲国家的共同繁荣,以及建立解决美洲国家冲突的仲裁体系,探讨如何促进美洲国家之间直接的贸易交流、拓展商品和交流的市场,等等。会议的具体内容与1886缅因州的弗莱(Frye)议员提出的关于促进美洲国家政治和商业繁荣的决议内容基本保持一致。最终有16个国家接受了邀请,并派遣代表来到华盛顿参加会议。其中,智利虽然派遣了代表,但是明确表示将仅讨论商业和经济问题,而海地由于国内革命的情况很晚才接受了邀请,并且最终派遣代表参加。圣多明各(现为多米尼加共和国)由于美国拒绝批准其互惠条约而拒绝派代表参加。②

值得注意的是,加拿大和英属西印度群岛没有被邀请参加此次大会。原因是显而易见的,他们的政策是由英国政府决定的,以门罗主义为处理西半球外交关系准则的美国自然不会愿意英国进入这样一次他们早就计划好的,只属于美洲的大会。鉴于大会的经济性目的,美国政府一度想将夏威夷也囊括进泛美会议中。这是因为自1875年的互惠条约之后,夏威夷在经济上就已经属于美国的一部分了。③ 在美国的海外扩张版图中,夏威夷已经成为美国通向亚洲的重要战略点。1890年2月12日最终通过的决议授权总统邀请夏威夷国王共同参会,夏威夷也于1890年4月接受了邀请。④

1889年,克利夫兰连任失败,共和党人本杰明·哈里森(Benjamin Harrison)成为新总统,布莱恩再一次出任国务卿,泛美大会的任务最终落到了新政府的头上。哈里森曾经是布莱恩的学生,两人在美国扩张的看法上是一致的。在给布莱恩的信中,哈里森写道:"在关于如何塑造我们的对外政策方面,尤其是和中南美洲国家的关系上,我们在一些基本政策上的观点能够相互理解……因此我非常确定你将会是最积极的助手,你早期的建议以及积极的推动已经将公众的注意力吸引到了这个问题上。"⑤

哈里森与布莱恩在拉美问题上的统一使得1889年的第一次泛美会议

---

① 51st Congress,1st Session,Senate,*Ex. Doc. No. 231*,1889—1890,XIII,pp. 1-2.

② 各国接受邀请的回信具体可见 *International American Conference*,*Reports of Committees and Discussions Thereon*,Washington,1890,Vol. 1,pp. 7-38.

③ Walter LaFeber,*The New Empire*:*An Interpretation of American Expansion*,*1860—1898*,Cornell University Press,1998,p. 142.

④ 51st Congress,1st session,*Senate*,*Ex. Doc. No. 232*,Vol. 1. pp. 29-37.

⑤ Albert T. Volwiler, *The Correspondence Between Benjamin Harrion and James G. Blaine*, *1882—1893*,Benjamin Harrison to James G. Blaine,January 17,1889,pp. 44-45.

得以顺利召开。总统和布莱恩一样，对于此次会议充满了期待："我们的人民将会带着兴趣和信心，来期待这样一个由友善的盟友们所组成的，且有着许多共同利益的大会将会给我们带来的成果。当然，总统认为带来的成果更多的是商业与和平方面的。"①此外，拉丁美洲国家在80年代相对稳定的政治环境也使得泛美会议的顺利召开成为可能。

哈里森与布莱恩对于此次美洲大会的期待，至少在经济目标上是一致的。哈里森在1888年7月31日的竞选演讲中就提到："我们不应该满足于我们当前的市场，我们应该与中南美洲建立更加密切和友好的商业关系。"②而布莱恩在1881年提议召开和平大会时就已经明确提出了美洲国家联合会议的经济目标。

为了更好地为美国的经济扩张提供机会，布莱恩向许多商业团体和商人征集他们对于即将召开的会议的意见。报告得到的反馈大体上与中南美洲考察委员会提出的建议类似，包括建立美国和拉丁美洲之间的交通运输线、关税同盟、统一的度量衡，等等。③

1889年10月2日，第一次美洲大陆会议在华盛顿开幕，美国方面有10名代表出席会议。④ 詹姆斯·布莱恩则被推选为大会主席并在开幕式上致辞，然而他的欢迎致辞并没有提及此次大会的经济目的。布莱恩提出，如果美洲国家能够建立更加紧密的关系，更多地互相帮助，那么这些国家就能够从扩大的交流中相互受益。

在开幕式的讲话中，布莱恩说道："从来没有聚集了如此多国家的会议，来讨论如此广阔地域的福利以及未来如此伟大的可能性……我们以坚定的信念聚集在这里，我们相信在未来，美洲国家对彼此之间的帮助将远远超过现在，每个国家都会在和其他国家扩大的交往中获得更大的利益和优势……当我们对国际友谊产生共同的信赖时，将是巨大的收获。当所有的美洲国家能够彼此更加了解，彼此之间有更多更快速的交往时，就是更大的收

---

① James D. Richardson, *A Compilation of the Messages and Papers of the Presidents*, 1789—1902, Government Printing Office, 1902, Vol. 8, pp. 32-33.

② Charles Hedges, ed. , *Speeches of Benjamin Harrison*, New York, 1892, pp. 68-69.

③ Sundry Reports on Weight and Measures, Patent Laws, Trade Marks, copyright, A Uniform System of Customs Regulations and a Circular of the Peace Union of Philadelphia, 51st Congress, 1st Session, *Senate*, *Ex. Doc. No.* 57, February 13, 1890.

④ 这十名代表分别是：John B. Henderson, Clement Studebaker, Cornelius N. Bliss, T. Jefferson Coolidge, John F. Harrison, Wm. Henry Trescot, Morris M. Estes, Henry G. Davis, Charles R. Flint and Andrew Carnegie, 51st Congress, 1st session, *Senate*, *Ex. Doc. No.* 231, p. 2.

获。当美洲国家之间私人的和商业的关系得到充分的发展和规划之后,每个国家都能从开明的和扩大的交流中获得最大可能的利益时,就是最大的收获。"①显然,布莱恩对召开一次这样的大会感到非常满意。

到了 11 月 18 日,会议进入正式的议程。由于之前会议各项讨论内容已经确定,因此本次大会就各个讨论专题设立了专门的委员会,比如大西洋交通委员会、铁路委员会、关税同盟委员会等。会议的进行类似美国国会的程序,与会代表提出议案,并将其提交至委员会进行考虑和报告,最后所有的与会代表们进行讨论并投票。②

此次会议主要围绕美洲互惠体系和美洲关税同盟两大中心议题进行了一系列讨论,基本上是美国在 19 世纪 80 年代的拉丁美洲政策的综合。

美国代表坚持美国在美洲仲裁体系上的领导地位,提出在华盛顿设立仲裁法庭,试图通过对仲裁原则适用范围的确立,来压制其他拉丁美洲国家的发展,维持南美大陆平衡的局面。墨西哥代表罗梅罗说道:"这无疑将会在各方面给美国带来在大陆的决定性的优势。"③该仲裁计划包括:仲裁应该被美洲国家作为美洲国际法的原则之一;仲裁应该在所有争议中都是强制性的,除了那些在争议中涉及的国家在审判中损害其独立性的争议;仲裁法庭应该由争议国家选择一名或者更多的代表以及调解者,调解者将对所有的问题做出决定——包括在仲裁者们可能不会同意的一些事情上。④

值得注意的是,美国所提出的仲裁计划的强制性原则,在 20 世纪最终得到了实践,美国开始采用武力手段实现所谓的仲裁目标。会议还提出,在仲裁原则的前提下,征服将不被允许。这点显然不能被刚经历了战争的智利和墨西哥接受,因为美国将他们与其他拉美国家的领土争端问题定性为征服行动,而且美国还提出将仲裁原则也应用到与欧洲国家的争端中,这已然是将这个仲裁体系扩大了。⑤

在仲裁体系之外,美国还提出了在整个美洲地区建立关税同盟的建议。这样一个关税同盟,不仅可以将拉丁美洲国家拉入到美国的经济体系之内,还可以有效地减少拉丁美洲国家和欧洲的经济联系。然而,这项提议并没

---

① 51st Congress,1st session,*Senate*,*Ex. Doc. No. 232*,Part I,p. 38.

② 51st Congress,1st session,*Senate*,*Ex. Doc. No. 232*,Vol. 1,pp. 77-92.

③ Matias Romero,"The Pan-American Conference II," *The North American Review*,Vol. 151,No. 407(Oct. ,1890),pp. 407-421.

④ *Minutes of the International American Conference*,Government Printing Office,1890,pp. 813-814.

⑤ James Brown Scott,*The International Conference of American States*,1889 — 1928,Oxford University Press,1931,Vol. 2,p. 1121.

有得到支持。对许多拉丁美洲国家来说，这样的关税体系意味着拉丁美洲国家需要牺牲绝大部分的税收收入，同时给予美国比欧洲更多的特权。在欧洲已经与拉丁美洲大部分国家建立了紧密经济联系的情况下，美国的要求显然是不现实的。最终，由于拉丁美洲国家的反对，国务卿詹姆斯·布莱恩开始转向以互惠条约的形式来促进贸易。

布莱恩说道："如果没有互惠条约，那么在整个麦金莱议案中①就没有任何内容可以帮助我们的小麦和猪肉开启新的市场。虽然经验已经表明了我们产品的质量和价格都可以和欧洲竞争，但是我们向拉丁美洲出口的工农业产品还是从 1868 年的 14% 下降到了 1888 年的 9%。"他还认为，美国应该通过东部和中西部的工业产品来为进口的大量的古巴糖买单，以商品出口来代替国内黄金的流失。事实上，布莱恩在早期并不是互惠条约的支持者，作为坚定的保护主义者，布莱恩反对采取互惠条约这样的妥协方式损害美国的贸易保护体系。② 但是现在，布莱恩本人也意识到了与拉丁美洲国家建立关税同盟并不现实。

在另外一些问题上，代表们基本上达成了一致。首先是关于连接南北美洲交通的问题。会议成立了大西洋交通委员会和太平洋交通委员会，主要调查南北美洲的交通联系问题。3 月 24 日，在大西洋交通委员会提交报告后，关于大西洋交通的问题被提交讨论。

同一天太平洋交通委员会也提交了报告，报告中提到，应该鼓励和完善美洲港口的海事、电话，以及邮政的交流交通，基本上支持了此前中南美洲委员会提出的促进商业贸易的建议。美国提出的泛美铁路的建议，得到了许多代表的欢迎。③

美国代表还提出了建立泛美银行的决议，根据设想，银行将在美国建立总部，在各拉丁美洲国家建立分部，提供更灵活的信贷，以在货币交换时减少对伦敦的依赖。除经济问题外，美洲大会最终通过了在华盛顿建立美洲共和国商务局的决议，这个商务局将负责为各国收集和提供各种贸易信息，

---

① 大会进行的同时，美国国会正在讨论新的关税法案，即后来的麦金莱法案，麦金莱法案基本上确定了美国的高关税政策，布莱恩为了推行互惠政策，坚持要求在麦金莱法案中加入互惠条约的条款，以防止此次美洲大会在经济合作领域的失败。

② Willis Fletcher Johnson, *An American Statesman*, *The Works and Words of James G. Blaine*, Augusta Publishing Co. , 1892, pp. 220-221.

③ *International American Conference*, *Reports of Committees and Discussions Thereon*, Vol. 1, Government Printing Office, 1890, pp. 93-102. 1891 年在华盛顿召开了洲际铁路会议，泛美铁路一直到 1905 年都受到持续的支持。

并在每月以 3 种语言(英语、西班牙语和葡萄牙语)出版。①

1890 年 4 月 19 日，第一次泛美大会闭幕。美国在泛美会议上提出了政治合作与经济合作的多项议案，以泛美主义为指导的美国拉美政策框架已经基本形成。虽然会议并没有达到预期的效果，但是美国主导的此次联合大会仍然具有重要意义，至少哈里森与布莱恩是这样认为的。

布莱恩在总结会议时说道："美国政府认为美洲国际大会已经完成了所有应该完成的工作，那些引起你们注意的议题……获得了各国政府的赞赏。今天的会议所获得的价值和内容在现在将是无法估量的，因为会议才刚结束。但是时间将会定义和提高你们工作的价值，经验将会确定我们现在的信念，最后的结果将证明你们的成功和信念。"②

泛美会议结束后，哈里森总统将大会所提出的所有建议都提交了国会，请求国会给予认真的考虑。为了赢得共和党人的支持，布莱恩坚称互惠条约和保护主义是相辅相成的。

1890 年 10 月，麦金莱关税法案在国会通过，美国将进口关税平均上调近 50%。互惠政策也被写入此法案。从 1891 年到 1892 年，美国先后与巴西、西班牙的古巴和波多黎各、多米尼加共和国、英属西印度群岛、危地马拉、尼加拉瓜和洪都拉斯签订了贸易互惠条约，这给美国带来了巨大的关税优惠，美国的出口贸易得到了快速的增长。据统计，从 1891 年到 1894 年的互惠条约有效期间，美国对拉丁美洲的出口得到了快速的增长，然而当1895 年条约废止后，出口又下降到了之前的水平，这充分证明了互惠条约对美国在拉丁美洲出口贸易的有效的推动作用。③

---

① *International American Conference*, *Reports of Committees and Discussions Thereon*, Vol. 1, Government Printing Office, 1890. p. 405.

② 51st Congress, 1st session, *Senate*, *Ex. Doc. No. 231*, pp. 856-858.

③ John Ball Osborne, "Reciprocity in the American Tariff System," *The Annals of the American Academy of Political and Social Science*, Vol. 23, Tariff Problems, American and British (Jan., 1904.), p. 65.

表 1　互惠条约前后美国向拉丁美洲的出口比较(单位:美元)

年份	美国向拉丁美洲总出口	向古巴出口额	美国向拉丁美洲面粉出口(单位:桶)
1891	90,000,000	12,200,000	11,300,000
1892	/	/	15,200,000
1893	103,000,000	24,150,000	16,600,000
1894	/	/	16,800,000
1895	88,000,000	12,800,000	15,200,000

数据来源:John Ball Osborne，"Reciprocity in the American Tariff System," *The Annals of the American Academy of Political and Social Science*，Vol. 23，Tariff Problems，American and British (Jan. , 1904.)，pp. 65-66.

从实际的效果来看,第一次美洲会议并没有取得太多的成果,但是这次会议让来自十七个国家的代表们聚集到一起,向他们展示了美国的经济实力和生产力,①确保了他们在原则上认可更加紧密的经贸关系,传播了西半球仲裁理念,从这个意义上来说,此次会议确实扩大了美国的影响力和声望。

在 20 世纪的前 20 年,当美国开始越来越多地参与到拉丁美洲国家的内部事务的时候,布莱恩决定在这个西半球体系中保持美国主导地位的决心在这一时期显示出对于华盛顿的重要的政治价值。会议建立的美洲共和国商务局对推动第二次泛美会议在墨西哥城的召开起了重要作用。② 正是在美洲共和国商务局的推动下,第二次美洲国家会议才得以召开。自此以后,美洲常规的会议体系基本确立,美洲共和国商务局也成为组织美洲国家会议的临时秘书处。

此次会议开启了美国泛美联合运动的先河,确定了美国在之后的泛美运动中将扮演的重要角色,美洲共和国商务局引导下的美洲国家常规会议体系显示出越来越重要的意义。它意味着华盛顿将为会议设定日程,而且对美国政策的批评将不会在会议期间传播。

① 拉美代表到达美国后,并没有立即开始进行会议。相反,所有与会代表踏上了一个为期六周的火车旅行。这次参观旅行由美国政府资助,主要是让拉丁美洲国家代表参观美国工业发展的盛况,因此,火车旅行也集中于东北部和中西部。

② Lester D. Langley, *James Gillespie Blaine*:*the Ideologue as Diplomatist*，Frand J. Merli，Theodore A. Wilson，ed. ，*Makers of American Diplomacy*，*from Benjamin Franklin to Alfred Thayer Mahan*，Charles Scribner's Sons，1974，p. 271.

需要指出的是，彼时，在美国国内，对于美国的美洲联合行动的看法仍然处于两极分化的状况，分歧的主要原因仍然是贸易保护主义问题。这也说明，美国国内对于海外扩张仍没有形成统一的看法。

布莱恩的忠实支持者《纽约论坛报》(*New York Tribune*)对此次大会给予了积极的评价："在完成一些重要的尽管是间接的成果之后，泛美会议结束了，但是这些结果可能是重大的并促进文明的最高目标的……会议虽然结束了，但是美洲统一却刚刚开始……十八个国家联合行动促进共同福利的道路已经开启，现在需要美国主动承担起责任，来完成更高文明的伟大工作。通过和解外交，通过适时的条约谈判，通过充满活力的和智慧的行动，通过坚韧，耐心和智慧，国务院将为美洲文明取得巨大而令人难忘的成就。在这项工作中，必须获得个人和舆论的支持。从今天开始，门罗主义通过外交演变的过程获得了更大的发展，一个美洲大陆政策将被逐渐完善。"[1]

更多的媒体报纸从会议刚开始时就已经认为此次会议将不会取得太多的成果。纽约《国家》杂志以嘲讽的语气评价了这次会议，报道中宣称："需要在华盛顿举办多次美洲国家会议才能够消除布莱恩先生的智利政策所带来的印象……本次会议是由民主党的财政改革者们，以及那些认为自由贸易在南北范围内将是安全的，但是在东西范围内将是危险的保护主义者们所推动的……这次会议的表面目的是推动贸易中的互惠协定，但是真实目的却是能够使一些蒸汽船主们能够插手美国财政部。"[2]《哈珀斯周刊》(*Harper's Weekly*)在1889年10月19日的一篇报道中提到："现在看来，由于我们不太可能做出让步，那么这次大会能够取得比较重大的成果也是不可能的。"[3]

《纽约时报》刊载了批评此次大会的文章，文章称，在克利夫兰和哈里森的政策下，美国的计划进行得十分糟糕，不仅没有能够使拉丁美洲人充分了解相关的经济议题，也没有任命对拉丁美洲事务非常了解的人作为此次会议的美国代表。[4]

更多的批评集中于认为会议上的许多讨论涉及了美国的敏感问题，比

---

[1]　"The Pan American Conference," *New York Tribune*, April 20, 1890, p. 6.

[2]　转引自 A. Curtis Wilgus, "James G. Blaine and the Pan-American Movement," *The Hispanic American Historical Review*, Vol. 5, No. 4 (Nov., 1922), p. 701.

[3]　"Mr Blaine and Pan American Conference," *Harper's Weekly*, Vol. 32, No. 1713, October 19, 1889, p. 827.

[4]　"The Congress a failure; Ex-Mayor Grace on the Pan-Americans. The Congress Badly Managed from the Beginning and Handicapped by our Absurd Tariff laws," *New York Times*, March 11, 1890, p. 9.

如关税和航运补贴。保护主义者和关税改革者们互相指责对方试图阻挠此次会议。[①] 泛美银行在商人中间受到普遍欢迎，但是也有反对意见认为这样的银行所面临的风险是巨大的。[②] 至于美洲共和国联盟，以及其信息收集机构，并没有多少人关注。也有观点认为，商人们应该自己出去寻找海外市场，而不是一直在华盛顿向政府施加压力。[③]

从拉丁美洲国家的角度来说，美国提出的美洲体系并没有这么美好。美国试图以经济上的互惠来加强与拉丁美洲国家的经济联系，以有条件的最惠国待遇迫使拉丁美洲国家在欧洲和美国之间做出抉择，放弃与欧洲现有的经济关系所带来的巨大利益。这种经济合作更多考虑的是美国的利益，实质上是美国希望取代欧洲的经济入侵。从政治上来讲，美国试图以美洲仲裁原则来压制拉丁美洲国家的发展，强调不转让的原则，为美国对这些国家事务的干涉提供依据。为了维护国家利益，阻止美国的干涉，拉丁美洲国家开始展开多方面的行动。

第二节　两种美洲主义的竞争：拉丁美洲国家对美国构建美洲体系的应对

在 19 世纪 80 年代初，美国与拉丁美洲国家之间的关系并不和谐。此时的美国介入了南美三国战争和墨西哥-危地马拉争端，试图凭借实力迫使智利和墨西哥屈服，同时又在中美洲运河主导权问题上，以 1846 年与哥伦比亚签署的条约为借口，对后者多次进行干涉。这些都引起了拉丁美洲国家的不满。另一方面，从 19 世纪 80 年代开始，拉丁美洲国家都进入了相对稳定的时期。一些国家的经济开始得到飞速的发展，获得南美太平洋战争胜利的智利不仅将领土扩大了 1/3，还占有了资源丰富的矿区；得益于欧洲市场和资本扶持的阿根廷，逐渐开始崛起。政治的稳定和经济的繁荣，使得这些国家开始追求在美洲事务中发挥更大的影响。

---

① "Subsidies and Trade," *New York Times*, November 9, 1889, p. 4. 以美国和阿根廷之间的贸易增长以证明航运补贴并不是必要的。

② "An International Bank," *New York Times*, April 11, 1890, p. 4.

③ "Trade with South America," *The Century Illustrated Monthly Magazine*, Vol. 40, 1890, pp. 316-318. 根据 1880 年的统计，美国约有四分之一的报纸保持中立，1890 年仅有三分之一，大部分的报纸都是有党派之分的。Michael J. Korzi, "A New Migration of Political Forces: Party Decline and Presidential Leadership in Late Nineteenth-Century America," *Polity*, Vol. 36, No. 2, (Jan., 2004), pp. 251-282.

　　1888 年，美国向拉丁美洲国家发出泛美会议的邀请，许多拉丁美洲国家虽然接受了邀请，却表现出了相对冷淡的反应。在 1884 年派遣的中南美洲委员会报告中提到，智利总统拒绝了美洲联合会议的提议，因为这在之前就已经失败了。[1] 在拉丁美洲具有更多共通性的国家之间的联合尚且如此困难，更何况美国的主导。许多国家都认为这样的一个会议并不能够带来什么正面的改变。在他们看来，美洲国家会议至多不过能让他们意识到本国的发展问题。[2] 1889 年 5 月，《国家》周刊援引了墨西哥报纸《消息报》(Las Novedades)于 1889 年 4 月 26 日发表的一篇报道，报道中指出，拉丁美洲国家对这样一次大会并不期待，因为他们认为这样一次大会不会带来什么有用的结果，美国所提出的那些宏伟的目标，不过是"空谈"。[3]

　　当然也有一些国家对此次会议仍有期待，希望能够促进与美国之间的经济关系。玻利维亚代表在会议中发言称："我们祈祷能够将北美的能量和商业手段引入到我们的国家。"[4]一些国家出于本国经济利益的考虑，才派遣代表参加此次会议，对于美国所谓的"和平"目的而建立仲裁体系的讨论并不认同。[5]

　　显然，许多国家对美国安排此次美洲国家会议的意图非常清楚，即使是亲美的墨西哥代表罗梅罗也提出，美国召集此次会议的目的就是为了保证在这片大陆上的政治和经济优势。[6]

　　而在会议的正式议程中，为了反对美国对会议的主导，阿根廷和智利代表在关键议题上都与美国代表展开了激烈的争辩。在关税同盟的倡议被各国代表否决后，建立互惠贸易体系的建议也被这两国代表拒绝。阿根廷代表认为，美国同样是一个农业出口大国，在互惠条约下，美国虽然降低了诸如咖啡和糖类的税率，但是对诸如木材等同美国形成竞争性的产品，美国仍然保持了很高的关税，这种不平等的状况是不可接受的。美国代表于是反

---

　　[1]　Final Report of Commissioner Reynolds, Commission to the Central and South American States, Washington, 49th Congress, 1st Session, *House of Representatives*, *Ex. Doc. No. 50*, p. 39.

　　[2]　Aguilar Monteverde, Alonso, *Pan-Americanism, from Monroe to the Present: A View from the Other Side*, MR Press, 1968, p. 38.

　　[3]　Cartas Americanas, *The Nation*, Vol. 48, June 27, 1889, pp. 533-534.

　　[4]　"The Pan-American Congress," *Harper's Weekly*, Vol. 33, October 12, 1889, p. 806.

　　[5]　比如智利代表被指示只在会上讨论经济和商业问题，阿根廷代表则拒绝参加美国为展示经济成就而安排的火车旅行。

　　[6]　Matias Romero, "The Pan-American Conference," I. *The North American Review*, Vol. 151, No. 406 (Sep., 1890), pp. 354-366.

驳道,美国只对从拉丁美洲进口的商品征收 $12\frac{1}{8}$ 的关税,而世界平均进口关税在 65%,同时期的拉丁美洲关税税率更是高达 90%。[1] 即使美国以皮毛关税为筹码对阿根廷和智利施压,也没能使他们接受互惠的条件。此次失败也开始使其他代表怀疑美国是否真如它所宣称的那样,愿意和中南美洲进行友好讨论以扩大贸易。

需要指出的是,并不是所有国家都反对互惠贸易的建议。在与美国经济联系较多的国家,互惠仍然受到欢迎。巴西在泛美会议正式召开前,就授权其驻纽约领事萨尔瓦多·德·门多萨(Salvador de Mendoca)与美国政府开启关于互惠条约的谈判,1889 年巴西革命结束后,新成立的共和国政府继续和美国谈判互惠条约.

布莱恩公开表示,巴西可以供应美国所消费的所有糖、咖啡、橡胶和皮革,并且拒绝英国通过与巴西的最惠国待遇条款享受美国在美巴条约中所获得的税收优惠。1891 年 1 月 31 日,美国与巴西签订了条约,这个条约也是麦金莱税法实行后美国与拉丁美洲国家签订的第一个互惠条约,成为之后签订的一系列互惠条约的模板。巴西国内许多人对条约并不满意,许多人都抱怨门多萨在条约上签字,只是为了确保美国市场,从而使巴西在与古巴的糖出口竞争上占得优势,但这样的做法实际上却使巴西牺牲了更多的经济利益。[2]

巴西人想要取代古巴糖在美国的地位是不切实际的。在 1890 年的夏天和秋天,布莱恩和支持他的媒体都在宣传打开加勒比市场对美国的重要性,美国自然不可能单单因为巴西就放弃广大的加勒比地区。事实也是如此,美国此时已与西班牙开启了新一轮的商业谈判,布莱恩还向哈里森报告称他和门多萨已经彼此达成谅解,在巴西国会通过互惠条约之前不会对外公布与西班牙的条约。[3]

在重要的美洲仲裁体系的问题上,阿根廷代表昆塔纳以各国平等的理由反对美国对美洲仲裁的主导权,反对在华盛顿设立仲裁法庭。[4]

---

[1]　*International American Conference*, *Reports of Committees and Discussions Thereon*, Government Printing Office,1890,Vol. 1,pp. 103-106.

[2]　"Brazilian Views of the Treaty," *The Nation*,Vol. 52,April 9,1891,pp. 294-295.

[3]　Albert T. Volwiler, *The Correspondence Between Benjamin Harrison and James G. Blaine*, *1882—1893*,The American Philosophical Society,1940,p. 157.

[4]　James Brown Scott, *The International Conference of American States*, *1889—1928*,Oxford University Press,1931,Vol. 2,p. 1121.

在拉丁美洲这样领土争端频发的地区,美国提出的仲裁意味着对这些国家施压,反对这些国家的领土转让行为,在美国已经放弃领土扩张的情况下,这将给予美国决定性的优势。最终造成的结果,很有可能是美国单方面地联合其他拉丁美洲国家对某几个国家进行干涉。以南美太平洋战争为例,在美洲仲裁的原则下,智利很可能将迫于国际压力无法获得争议地区的领土,除此之外,仲裁也很有可能导致对拉美国家内政的干涉。于是,阿根廷代表联合其他代表,坚持在涉及威胁国家独立的问题上,可以免于仲裁。①

除不愿被干涉国家内政外,与强国,特别是像美国这样的国家进行政治合作也为许多拉美国家所警惕。拉丁美洲国家自独立起就对与强国结盟有所警惕。玻利瓦尔就曾说道,"我认为同美国结盟是很危险的。北美人对我们来说是异邦人,因此我绝不同意请他们来调节我们美洲的事务。"②

19世纪中期美国对墨西哥和中美洲的领土侵占,更加让拉丁美洲人对美国充满了戒心。到了80年代,美国提出的所谓友好合作的口号,提倡进行美洲合作,更加让拉丁美洲对美国所传达出来的野心感到忧虑。玻利瓦尔在1823年给友人的信中表达的与英国结盟的看法清晰地表明了这种心态。他说:"在英国成了这个联盟的首领之后,我们就将变成它卑贱的仆从,因为一旦同强者签约,弱者永远只能服从。"这种情况在80年代的美国与拉丁美洲之间同样适用。当美国远远比拉丁美洲强大的情况下,与美国的结盟只会使拉美国家成为美国的跟随者,甚至是附庸。

1889年会议后,拉丁美洲国家的一些报纸都对美国的野心进行了批评。一份利马的报纸宣称:"北方正在试图在整个大陆上进行一场巨大的改革,来为他们的剩余产品提供市场。"③智利攻击了美国提出的仲裁体系的建议,还批评了美国的高关税。④ 一些主要的阿根廷报纸甚至仅仅报道了阿根廷代表的发言。⑤

1893年,哈里森连任失败,民主党人克利夫兰再次当选总统,克利夫兰

---

① *International American Conference*, *Reports of Committees and Discussions Thereon*, Vol. 2, Government Printing Office, 1890, pp. 961-961, pp. 1036-1059.

② 韩琦:《独立后的西属美洲缘何未建成统一的联邦国家?》,《历史教学问题》2006年第1期。

③ "El Comercio (Lima)," translated in *New York Times*, December 1, 1889, p. 4.

④ Fredrick B. Pike, *Chile and the United States*, *1880—1962*; *The Emergence of Chile's Social Crisis and the Challenge to United States Diplomacy*, United States of Notre Dame Press, 1963, pp. 63-66.

⑤ Thomas Francis McGann, *Argentina*, *The United States*, *and Inter-American System*, *1880—1914*, Harvard University Press, 1957, pp. 158-159.

在拉丁美洲政策上的保守立场让拉丁美洲对他的当选感到高兴。巴西报纸《里约新闻》(Rio News)非常明确地说道,我们国家的媒体对克利夫兰先生重新当选美国总统感到非常高兴。事实上,对南美洲国家来说,我们总是对哈里森总统的外交政策感到紧张,希望克利夫兰总统的国务卿对于插手他国的任何事务的倾向能够减少一些。①

从80年代的美拉关系来说,拉丁美洲国家对美国的联合行动都比较抵触,原因部分是由于与美国的合作需要这些国家放弃巨大的利益,包括关税收入,与欧洲的商业关系,部分是由于美国以友好合作的口号来遏制拉丁美洲一些国家的发展。

在80年代政治经济相对稳定的情况下,拉丁美洲国家也试图进行过一些联合与合作,这些合作加强了拉美国家间的合作,在某种程度上对美国所倡导构建的美洲体系造成了冲击。②

在美国的1889年联合大会之前,阿根廷曾联合乌拉圭,以美洲国际司法大会的名义联合召集了一次美洲大会,通过了包括保护版权、商标、专利等知识产权在内的多项决议。这是拉丁美洲以国家合作的方式解决内部问题的典范。美洲意识的觉醒和国家命运的使命感也使阿根廷开始在美洲扩大影响力,③逐渐形成了与美国的竞争局面。在世界市场上,当欧洲开始对美国设立贸易壁垒时,拉丁美洲国家迅速抓住了新的机遇,向欧洲出口了大量的农产品,比如阿根廷向欧洲出口了大量的羊毛、小麦和牛肉。拉丁美洲国家的崛起与合作对于美国试图建立的美洲体系造成了冲击。

第一次美洲国家会议在欧洲也引起了许多关注。《哈珀斯周刊》于1889年10月12日登载的一篇报道说道:"对于欧洲人来说,他们认为南北美洲国家之间将会结成一个商业联盟,而这样一个联盟会将其他的国家排除在外。"报纸引用了奥地利主流报纸的观点,称:"如果华盛顿的政治家们成功地通过高关税壁垒将整个大陆联合起来,那么这将给欧洲带来巨大的损失。"④

---

① Joseph Smith, *Illusions of Conflict: Anglo-American Diplomacy Toward Latin America, 1865—1896*, University of Pittsburg Press, 1979, p. 142.

② 这种冲击实际上是可以被证明的,80年代早期,美国是支持中美洲联邦的重新建立的,还提出过援助,但是到了80年代末期,美国不再支持这种联邦的建立,原因之一就是因为地区性联盟会对美国的美洲体系造成冲击和影响。

③ Thomas F. McGann, *Argentina, The United States, and the Inter-American System 1880—1914*, Harvard University Press, 1957, p. 81.

④ "The Pan-American Congress," *Harper's Weekly*, Vol. 33, October 12, 1889, No. 1712, p. 806.

　　纽约《国家》杂志也宣称,国务院对于此次会议在国外引起的反响收到了许多回馈,从报告的概要来看,许多国家都表达了很大的担忧甚至是警惕。由于布莱恩先生试图使南美国家成为美国经济附属的意图,欧洲许多国家担心这将会对欧洲和南美洲之间的贸易造成很大的威胁。① 这种观点基本上代表了欧洲对美国主持召开此次会议的主流观点,即认为美国的联合行动可能会对欧洲造成威胁。

　　曾经是拉丁美洲殖民大国的西班牙为了抵制美国对拉丁美洲的影响,在这一时期也开展了许多行动。1881 年,在墨西哥与危地马拉的争端中,西班牙政府主动提出向墨西哥提供军事援助,以避免墨西哥接受美国的调停。② 当美国向拉丁美洲国家发出 1881 年美洲和平大会的邀请后,西班牙政府指示其驻拉丁美洲九国(包括阿根廷、玻利维亚、巴西、哥伦比亚、危地马拉、墨西哥、秘鲁、乌拉圭和委内瑞拉)的外交代表,要求他们设法阻止这些国家参加此次会议。③

　　1884 年,西班牙在马德里成立了伊比利亚美洲联盟（Union Iberoamericana）,并在拉丁美洲国家主要城市设立推广委员会。但是这个联盟囿于西班牙国力的衰退而无法发挥实际的影响。随着 1888 年美洲国家会议邀请的发出,西班牙政府再度作出了激烈的反应。西班牙国务大臣指示西班牙驻拉丁美洲国家的使节,要求他们必须劝说拉美各国拒绝美国的邀请。西班牙政府认为,美国此举的真实目的是为了破坏西班牙原本计划召集的南美国家贸易和政治会议。④ 然而西班牙倡导的联合行动在此时已无法得到拉丁美洲人的认同。在实证主义的影响下,西班牙在拉丁美洲国家的精英们眼中俨然是落后腐朽的代表,精英们崇尚的是先进的欧洲和

---

　　① 转引自 A. Curtis Wilgus, "James G. Blaine and the Pan-American Movement," *The Hispanic American Historical Review*, Vol. 5, No. 4 (Nov. 1922), p. 703.

　　② Antonia Pi－Suñer y Andrés Agustín Sánchez, *Una historia de encuentros y desencuentros: México y España en el siglo XIX* (México: Secretaría de Relaciones Exteriores, 2001), pp. 264-278.

　　③ Andrés Sánchez Padilla, "¿En defensa de la Doctrina Monroe? Los desencuentros en América Latina entre España y Estados Unidos (1880－1890)" *Historia Crítica*, Num. 62, Octubre－Diciembre, 2016, p. 22.

　　④ Andrés Sánchez Padilla, "¿En defensa de la Doctrina Monroe? Los desencuentros en América Latina entre España y Estados Unidos (1880－1890)" *Historia Crítica*, Num. 62, Octubre－Diciembre, 2016, p. 22.

美国，①而西班牙国力的衰弱也无法使它在拉丁美洲发挥更多的影响。

拉丁美洲国家对于美国倡导美洲体系的反应，反映出双方在美洲联合与美洲体系上的根本性的分歧。美国所提出的美洲合作，是出于美国的国家利益，是对国内经济萧条的反应，为了扩大美国在西半球影响力，建立主导地位，但是拉丁美洲国家需要的是平等的合作，这显然是美国无法满足的。19世纪80年代，随着拉丁美洲自由化经济改革的进行，许多拉丁美洲国家都进入了稳定和快速发展的时期，美国无法轻易地使这些国家接受美国的要求。泛美主义提出时更多是出于反欧的目的，然而现在，泛美主义却被更多地用来压制拉丁美洲国家的发展。由此，拉丁美洲国家在这一时期也进行了拉丁美洲国家之间的联合，这种与美国的美洲体系的竞争显然出乎美国的意料。

---

① 20世纪初兴起的反实证主义运动实际上反证了拉丁美洲国家这一时期的这种趋势，为了向先进的文化靠拢，19世纪后半期实证主义流行时期，拉美国家往往否定与西班牙之间的联系，但是到了20世纪初，许多人认为应该正视拉丁美洲人的文化起源。

结　论

　　19世纪80年代的美国外交是一个不断变化和探索的时期,正如米尔顿·普勒苏(Milton Plesur)所说的那样,是一个在暗流下对外扩张的时期。[①] 在70年代的战后重建完成后,美国国内的经济开始经历剧烈的变化。工业革命带来的技术进步使经济重心逐渐由农业向工业转变。然而,生产力的提升所带来的生产过剩也造成了诸多问题。从70年代末开始,世界性的保护主义开始盛行,以猪肉贸易为开端,美国遭遇了欧洲保护主义的限制,美国产品在欧洲市场遭到禁令。这意味着美国需要寻找新的海外市场。拉丁美洲邻近的地理位置和出口结构上与美国的互补,使这里成为美国开拓海外市场的最佳选择。

　　就80年代的美拉关系来说,加勒比岛屿具有重要的战略位置,这里是美国重要的原始材料产地,比如古巴、墨西哥和中美洲大部分地区都是美国投资的重要市场,地峡运河更是具有重要的战略意义,正如有的学者所说的那样,拉丁美洲在美国崛起成为全球力量的过程中起到了无可替代的作用。[②]

　　经济动机之外,经济和技术进步所带来的民族自信,在社会达尔文主义的影响下,推动着美国开始寻求在海外发挥影响和树立美国的权威。实际上,从19世纪后半期开始,美国人的种族优越感就使他们认为,只有掌握了文明的盎格鲁-撒克逊人的干预才能使拉丁美洲人摆脱人类堕落的深渊,美国人自以为的新使命促使美国在拉丁美洲采取更加积极的战略和政策,以让这里的人民获得文明。这种改变拉丁美洲不民主和落后的动机在80年

---

　　① Howard Wayne Morgan, ed. , Milton Plesur, *The Gilded Age: A Reappraisal*, *Beneth the Surface*, *American's Outward Thrust*, 1865—1890, Syracuse University Press, 1963, p. 140.

　　② Greg Grandin, *Empire's Workshop: Latin America*, *the United States*, *and the Rise of the New Imperialism*, Macmillan, p. 2.

代美国海外扩张的需求下又重新开始流行。①

　　此时,拉丁美洲正在进行的自由化经济改革也为美国创造了机会。彼时掌权的自由派们在实证主义的影响下,纷纷进行了经济改革,主张引进外资,推动国内发展,借助外国的力量努力实现国家的现代化。

　　然而,美国在拉丁美洲的扩张最先遭到了欧洲国家的阻击。19世纪中期,当美国仍在忙于国内事务的时候,欧洲势力就已在拉丁美洲得到了快速的发展,而美国仅占有非常小的份额。除了经济上的垄断地位外,欧洲国家还控制了加勒比地区,欧洲的经济垄断和政治控制,促使美国以新的方式来打开局面。从美国的传统政策来说,欧洲国家势力在美洲的盘踞是不可接受的。此外,由于历史原因,拉丁美洲国家对美国也充满了警惕,导致这些国家更愿意接受欧洲而非美国的资本。19世纪80年代初,美国仅在墨西哥和古巴保持了比较大的经济优势。而且美国在墨西哥的经济扩张很大程度上是当政的迪亚斯政府在被国际孤立的情况下做出的无奈选择。

　　为了打开新的局面,1881年,美国国务卿詹姆斯·布莱恩提出了"老大哥政策",试图在友好合作的旗号下重新与拉丁美洲建立友好关系,为美国的经济扩张创造条件,同时排除欧洲的势力,这也成为美国这一时期泛美运动的起点。经济利益与反欧相结合,成为"老大哥政策"提出的主要动机。然而80年代初,尤其是南美太平洋战争的爆发,使布莱恩意识到,拉丁美洲动荡的局面造成了严重的后果。如果美国想要排除欧洲势力,实现经济扩张,那么一个稳定的拉丁美洲将是重要的前提。这种对经济利益的追求,与美国带有种族主义色彩的所谓"文明理想"相结合,导致美国开始介入拉丁美洲国家之间的争端。

　　随着美国在解决争端中不断的外交失败,美国的拉丁美洲政策逐渐发生了变化。南美太平洋战争中的外交失利,使美国开始逐渐意识到其影响力并不能让这些国家屈服,反而是这些国家在欧洲国家的支持下,利用领土争端逐渐强大,在西半球成了美国新的竞争对手。而为了保持拉丁美洲力量平衡,美国在调解争端时往往偏向弱势一方而没有采取公正的立场。拉丁美洲国家对美国这种倾向性的利用,很多时候反而使和平的进程无法推进。

　　于是,美国在强调友好合作的重要性的基础上,试图联合其他的拉丁美洲国家,对这些国家施压,并且杜绝其他拉美国家在未来通过领土割让获得

---

① 　Thomas M. Leonard,ed.,*United States-Latin American Relations*,1850—1903,*Establishing a Relationship*,The University of Alabama Press,1999,p. 13.

巨大财富的可能,美国认为,在自身放弃了领土扩张的前提下,美国有合理的理由对这些国家进行调解。① 由此,美国开始逐步推动美洲仲裁体系的建立。此外,从弗里林海森时期开始,美国就积极推动建立以美国为中心的互惠条约体系,加强美国与拉丁美洲国家的经济联系,排挤欧洲的经济势力,努力为美国打开拉丁美洲的市场。同时,控制重要的地峡运河,以期有效地封锁欧洲对西半球的势力入侵。最后,召开泛美会议,建立美洲常规的会议体系,进一步促进美国与拉丁美洲的联系,加强控制,这次会议也成为美国取代欧洲领先的商业优势的积极行动。以仲裁体系和经济互惠体系为主要目标,进一步加强美国与加勒比地区之间的联系,19世纪80年代做出的一系列美洲联合行动的尝试,逐渐构建起美国所期待的美洲体系,为20世纪的美国拉丁美洲政策奠定了基础。美洲体系的逐步建构,基本上能够实现美国希望将美洲事务纳入到西半球范围内的目标,这样一个体系最初的出发点是反欧,而美洲体系的逐步形成,也为美国的全球扩张奠定了基础。

从这个意义上来说,19世纪80年代在美国历史上并不是一个低谷,而是一个分水岭,是美国为90年代的全面扩张开始准备和探索的时期。从全球来看,从19世纪80年代开始,自由资本主义开始向垄断资本主义即帝国主义过渡,世界主要资本主义国家利用其经济和军事霸权开始在世界范围内进行兼并和统治。而美国在美洲的政策却是一个例外。美国并不进行直接的统治或兼并行动,而是仅通过经济和政治的手段在这一地区实现其政治、经济和军事霸权。这种不以领土扩张为手段而实现扩张的非正式帝国主义正是从80年代开始逐渐发展,并在90年代逐渐成熟。

总体来看,美国19世纪80年代的拉丁美洲政策仍然受到多重因素的深刻影响。虽然经济上的需求使人们开始放眼海外,但是作为美国传统外交原则的孤立主义仍然有着强大的影响力,国内仍然有许多人不赞成激进的海外政策,对于海外冒险兴趣寥寥。欧洲的长久和平使美国人觉得大海的封锁使他们很安全。当时的报纸杂志对美国的外交都缺乏基本的兴趣。正如亨利·卡博特·洛奇(Henry Cabot Lodge)1889年说的那样,我们与外国之间的关系在美国政治中仅占有非常小的位置……我们将自己和其他国家之间的事务完全地隔绝开来。国内虽然出现了扩张海外市场的需求,但是直到80年代中期,对于海外市场的兴趣仍然是有限的,维持美国本土

---

① Blaine to Morgan,*FRUS*,1881,pp.768-770.

市场远远优于扩张市场。①

这种观念导致了对本国外交能力的忽视，这种相对于国家发展的严重滞后又进一步影响了美国外交政策的施行。当时的外交活动被认为是一种奢侈的花费，甚至有人觉得随着蒸汽交通的迅速发展和电报的普及，外交活动更显得多余。在 19 世纪七八十年代，人们都认为外交活动过于消耗成本，甚至在猪肉禁运问题上也很少有人愿意借助外交手段来解决问题。

除公众对外交轻视外，19 世纪 80 年代美国政府的外交部门架构也十分简单，聘用的外交人员往往缺乏专业素养。这都反映了对外交能力的普遍忽视。当时负责外交事务的是国务院，最高负责人国务卿之下仅设有三个助理国务卿、一个事务专员以及八个分支机构。每个分支机构仅有一位主管和若干办事职员。此外，外交官们都没有受过任何专业训练。以 1880 年为例，驻外的美国外交代表共有 13 名全权公使、12 名常驻公使以及 5 名代办。除此之外，国务院还控制着不到 300 个领事馆和为数不少的商业办事处，且多数由商人或者当地人充任职员。虽然这些人也有提供政治服务的经验，但都没有受过专业的外交训练。② 外交能力的不足严重影响了美国这一时期拉丁美洲政策的推行。当时的国务卿们更多地以国内政治为本位来考虑外交问题，对外交代表们的任命也更多是政治性的需要，这就导致美国外交的局限性和随意性。不同的国务卿往往因为政见不同而采取完全相反的外交政策。

此外，国内的政治和经济状况严重影响了美国的拉丁美洲政策。而这两方面的因素比较突出地体现在民主、共和两党的争斗上。内战结束后，美国国内的政治力量和经济重心发生了重大的变化。代表南方的民主党受挫，元气大伤。代表北方制造业的共和党则确立了在联邦政府的主导权，并将南方纳入了北方工业发展的进程中，在推行经济政策方面不再受到重农主义者的抵制，可以放手实施保护性关税政策。与共和党不同，民主党仍然以南方农业地区为大本营，还得到了一些金融资本家的支持，继续反对高额关税的政策。双方都利用关税作为政治资本，争取选票。这种情况不可避免地影响到了美国的拉丁美洲政策。

从 1880 年开始，美国国内的商品价格不断上扬，而关税收入则持续上

---

① Milton Plesur, "America Looking Outward: The Years from Hayes to Harrison," *The Historian*, Vol. 22, No. 3 (May, 1960), p. 281.

② David M. Pletcher, *The Awkward Years: American Foreign Relations under Garfield and Arthur*, University of Missouri Press, 1962, p. 18.

涨。民主党人主张降低关税,拓展海外市场,从而降低国内商品的价格。[1]
但共和党人认为高关税可以减少出口,以此减少关税收入,同时进一步发展
国内市场。以此为契机,民主党人开始提出关税改革,并不断对总统和国会
施压。弗里林海森所主张的互惠条约体系其实就是在贸易保护主义和自由
贸易之间的一种妥协。

从1865年到1884年,民主党一直无法与共和党抗衡,但是他们仍然坚
持低关税的立场,反对以互惠条约这样的形势来做出妥协。而共和党的党
内分裂也导致政府的政策无法得到有效的支持。阿瑟总统和国务卿弗里林
海森同属于共和党内部的激进派,与布莱恩所领导的温和派相互对立。由
于他们在党内的威信远不及布莱恩,因此在贸易互惠政策的推行上遭遇了
来自党内的巨大阻力。1881年美洲和平大会的破产,以及民主党对共和党
在拉美政策上的嘲讽和攻击,无一不体现着国内政治分裂的影响。

从更大的范围来看,从80年代开始,西半球的局面已经不仅仅是欧洲
与美国的竞争,随着经济改革的进行,拉丁美洲一些国家逐渐开始成为这一
地区新的力量。

在美国倡导的美洲体系中,在美国的经济和政治势力远超其他拉丁美
洲国家的时候,这种新政策最终的结果只是美国成为拉美国家的仲裁者和
保护者。而泛美主义不过是将美国的帝国主义行径粉饰为文明开化的先进
国家对管理混乱的落后国家的帮助和领导,从而将整个拉丁美洲囊括到美
国所建立和主导的、独立于欧洲之外的美洲体系当中。从根本上来说,美国
的泛美主义仅限于解决美国的国内问题,却无法满足拉丁美洲国家的需
求。[2] 事实上,19世纪80年代已经有拉丁美洲政治家意识到了这一问题。
阿根廷政治家胡安·鲍蒂斯塔·阿尔韦迪(Juan Bautista Alberdi)就认为
真正的泛美会议应当只允许西属美洲国家参加。[3]

美国从自身利益出发的一系列拉丁美洲政策,导致双方无法进行真正
的联合,在反欧的动机之下,往往使拉丁美洲面临美洲主义与欧洲主义的抉
择,然而与欧洲长久以来的经济联系和政治联系,使得许多拉丁美洲国家在
更多的时候选择转向欧洲,美国在调解争端中的偏向性立场更加深了这种

---

[1]　Judith Goldstein, *Ideas, Interests, and American Trade Policy*, Cornell University Press, 1993,
p. 92.

[2]　Thomas D. Schoonover, *The United States in Central America*, *1860 — 1911*, *Episodes of
Social Imperialism and Imperial Rivalry in the World System*, Duke University Press, 1991.

[3]　Alonso Aguilar, *Pan-Americanism: From Monroe to the Present: A View from the Other Side*,
Monthly Review Press, 1968, p. 38.

倾向。泛美主义下所谓的政治合作不过是美国主导下向拉丁美洲国家施压,新兴拉美国家逐渐与美国形成竞争关系,反美情绪与经济合作的意愿时常此消彼长、交替出现。欧洲开始成为拉美国家节制美国的重要力量。

　　为了摆脱美国的主导,一些国家开始借助欧洲的力量来节制美国的影响。拉丁美洲国家在这一时期组织了几次美洲联合会议,以促进拉丁美洲国家之间的合作,以泛拉丁美洲主义来对抗美国的泛美主义,拉美国家美洲意识开始逐渐觉醒。[1]综合来看,美国在 19 世纪 80 年代的影响力,最多延伸到中美洲地区,对于更加遥远的南美洲,美国仍然只能发挥有限的影响。南美太平洋战争后,智利的影响开始扩大,美国对智利强大的海军感到担忧,国会内部不时流传着关于智利海军的故事。而且智利受到英国和法国的支持,美国认为智利将会对美国在地峡上的控制行动造成冲击,使美国成为太平洋超级大国的希望逐渐消失。[2] 1885 年,当美国借巴拿马叛乱之际占领科隆以后,智利认为美国利用政治动乱抢占势力范围,还可能对厄瓜多尔采取行动,于是智利海军立即前往巴拿马地区"维持秩序"。智利军队直到美国撤离后才离开。智利在巴拿马的行动表明,智利已经开始与美国竞争在太平洋地区的霸权。[3] 阿根廷也追求在美洲事务中发挥更大的影响。

　　需要指出的是,并不是所有国家都对美国抱有警惕的态度,一些国家也希望借助美国的力量发展国家经济。中美洲的危地马拉就是典型的例子。危地马拉总统巴里奥斯为了他的中美洲联邦计划,频频向美国伸出橄榄枝,不仅对美国的投资持欢迎态度,甚至向尼加拉瓜施压以帮助美国获取尼加拉瓜运河条约。巴里奥斯说道:"我不像很多中美洲人那样,认为美国在产业中的干涉对于中美洲的独立和完整是危险的……如果整个国家在各方面都得到了发展,我们还需要什么呢,在消除了大多数人的忽视后,通过刺激工作来让他们明白自己的权利和义务。"[4]甚至于现今与美国尖锐对立的委内瑞拉,在 19 世纪末仍在积极寻求美国的帮助,以防御欧洲的干涉与威胁。在 1895 年委内瑞拉与英属圭亚那的领土争端中,委内瑞拉当局雇用了原美国驻委内瑞拉大使斯克鲁格斯(Scruggs)作为特别助理和顾问,在美国进行

　　① Thomas F. McGann, *Argentina, the United States, and the Inter-American System 1880 − 1914*, Harvard University Press, 1957, p. 81.

　　② William F. Sater, *Chile and the United States: Empires in Conflict*, University of Georgia Press, 1990, p. 52.

　　③ Rodrigo Fuenzalida Bade, *Marinos ilustres y recuerdos del pasado*, Santiago, 1985, pp. 111-112.

　　④ Thomas M. Leonard, *Central America and the United States: The Search for Stability*, University of Georgia Press, 1991, p. 42.

院外活动。他大力宣传美国应该干预委-英领土争端,以提高门罗主义的地位。他还强调争端地区可以控制进入南美大市场的商业,并暗示英国企图通过这条水道染指南美广阔的内部。

从经济合作的"老大哥政策",到不准转移美洲领土的"格兰特推论",到声称美国有权调解拉丁美洲边界争端的"奥尔尼推论"以及"罗斯福推论",基本上延续了美国拉美政策的基本逻辑。美国以维护经济利益为由认为美国有权利对拉美国家的争端进行调解。从以上的政策发展可以看到,美国已从反对欧洲干涉美洲的被动防守政策逐渐演变为积极对美洲事务进行干涉的主动政策。

从 20 世纪初开始,泛美会议基本每五年举行一次。新的美洲国家常规会议体系逐渐成形。20 世纪上半叶的泛美会议中,美洲仲裁体系仍然是核心议题,随着美洲仲裁体系逐渐建立,基本上确立了美国进行仲裁的合法性。在 1901 年召开的第二次美洲国家会议上,拉丁美洲国家共同签订了索偿债务的仲裁条约。仲裁条约的通过,使得美国得以以仲裁者的角色干涉拉美国家与欧洲、拉美国家内部的冲突。美国利用美洲体系加快了对拉丁美洲国家内政和外交的干涉,这引起了拉丁美洲国家的强烈不满。

1910 年,在第四次美洲国家会议上,泛美联盟正式成立,总部设在华盛顿,由美国国务卿担任主席。泛美联盟实际上已经成为美国控制美洲体系,以抗衡英国建立国际联盟的重要工具。在第五次和第六次美洲国家会议上,拉美国家更加激烈地抨击美国的军事干涉严重违背了美洲体系的初衷。最终,第五次大会通过了泛美联盟的改组方案,一定程度上削弱了美国的控制。此外,从这一时期开始,美洲体系开始逐渐从政治和经济领域扩展到美洲事务的其他领域,拉丁美洲国家开始联合起来,利用美洲国家会议来反对美国的干涉。

二战时期,新的军事和安全联盟开始主导美洲体系。为了防止法西斯在拉丁美洲的渗透,美国总统富兰克林·罗斯福提出了睦邻政策,强调拉丁美洲国家之间的合作与和平,美拉关系得到缓和。美拉双方在反对法西斯侵略的问题上达成了基本的共识,松散的泛美体系得以巩固和加强。二战结束后,为了应对苏联的威胁,美国不断扶持拉丁美洲的亲美政权,以抵御苏联的威胁为由将拉美国家维系在一个泛美的政治体系之内。冷战结束后,这种政治同盟存在的基础也就消失了,美国不再需要将安全作为首要的目标,转而向经济一体化、民主和人权等方向发展。1990 年,老布什政府正式提出"美洲倡议",旨在建立一个囊括所有美洲国家的美洲自由贸易区,但是美国对经济主导地位的坚持遭遇了一个更加多元化的拉丁美洲的挑战。与 20 世纪上半叶不同,此时拉丁美洲一体化已经有所发展,比如美洲玻利瓦尔-人民贸易条约、加勒比石油计划、南美洲国家联盟、拉丁美洲和加勒比国家共同体等,都开始成为制约美国所控制的美洲体系的力量。

　　从实际效果来看,美国的拉丁美洲政策取得了一定的成就。至少在冷战结束前,美国基本上实现了拉丁美洲政策的目标,不仅确立了进行仲裁的合法地位,更是促成了美洲政治同盟的成立。然而,美国过分追求自身利益,通过经济、外交甚至是武力手段干涉别国内政,严重影响了拉丁美洲自身的政治进程,给后来的一系列地区冲突和政治动乱埋下祸根,受到诸多诟病。中国作为当今世界第二大经济体、联合国安理会五大常任理事国之一,发展与拉丁美洲国家正常的外交关系是双方自身发展的需要,也是历史潮流所趋。在这方面,中国可以借鉴美国拉丁美洲政策的经验和教训,以维护世界和平、促进共同发展为宗旨、以独立自主为根本原则,扩大与拉美国家之间的双边经贸、外交、人员往来,真正地造福两地人民。

参考文献

英文参考文献

档案类

1. The American Presidency Project.

2. British and Foreign State Papers.

3. Congressional Record.

4. Foreign Relations of The United States, 1879—1890.

5. Adams, Charles F., ed., *Memoirs of John Quincy Adams, Comprising Portions of His Dariy from* 1795—1848, J. B. Lippincott & Co., 1877.

6. Bancroft, Frederic, ed. *Speeches, Correspondence and political papers of Carl Schurz*, Vol. 2, Forgotten Books 1913.

7. Blaine, James G. "Foreign Policy of the Garfield Administration: Peace Congress of the Two Americas," *Chicago Weekly Magazine*, Sept. 16, 1882.

8. Blaine, James Gillespie, *Political Discussions, Legislative, Diplomatic and Popular*, The Henry Bill Publishing Company, 1887.

9. Blaine, James Gillespie, *Twenty Years of Congress: From Lincoln to Garfield*, H. Bill Pub. Co., 1884.

10. Carnegie Endowment for International Peace, Division of International

Law, *The International Conference of American States*, 1889 — 1928, Oxford University Press, 1931.

11. Clay, Henry, *The Speeches of Henry Clay*, A. S. Barnes & Co., 1857.

12. Clayton, Lawrence A. "The Nicaragua Canal in the Nineteenth Century: Prelude to American Empire in the Caribbean," *Journal of Latin American Studies*, Vol. 19, No. 2 (Nov. 1987), pp. 323-352.

13. *The Clayton-Bulwer Treaty and the Monroe Doctrine*, Government Printing Office, 1882.

14. *Correspondence in Relation to the Proposed Inter-Oceanic Canal Between the Atlantic and Pacific Oceans*, Government Printing Office, 1885.

15. Curtis, William Eleroy, *Trade and Transportation Between the United States and Latin America*, Washington Printing Office, 1890.

16. Firmin, Anténor, *M. Roosevelt, président des États-Unis et la République d'Haïti*, Tous Droits Reserves, 1905.

17. Ford, W. C., ed., *The Writings of John Quincy Adams*, 1913.

18. Foster, John W., *Diplomatic Memoirs*, Kessinger Publisling 1910.

19. Granville, Granville George Leveson-Gower, Earl; Knaplund, Paul; Clewes, Carolyn M., *Private letters from the British Embassy in Washington to the Foreign Secretary Lord Granville*, 1880 — 1885, Government Printing Office, 1942.

20. United States. Bureau of the Census. History Statistics of the United States, 1789 — 1945, A Supplement to the Statistical Abstract of the United States. 1949, Government Printing Office.

21. *International American Conference: Reports of Committees and Discussions Thereon*, Vol. 1—4, Government Printing Office, 1890.

22. Johnson, Willis Fletcher, *An American Statesman, The Works and Words of James G. Blaine*, Augusta Publishing co., A. M., 1892.

23. Manning, William R., ed., *Diplomatic Correspondence of the United States Concerning the Independence of the Latin-American Nations*, Oxford University Press, 1925.

24. Mason, Theodorus B. M., *The War on the Pacific Coast of South America Between Chile and the Allied Republics of Peru and Bolivia:*

1879—81，Govt. Print Off.，1885.

25. *The Public Papers of Grover Cleveland：Twenty-second President of the United States*，Government Printing Office，1889.

26. *Reciprocidad commercial entre mexico y los estado unidos*. Mexco. Oficina Tip De La Secretaria De Fomento Calls De San Andres Num. 15，1890.

27. Reports of the Commission Appointed Under an Act of Congress Approved July 7，1884，to Ascertain and Report upon the Best Modes of Securing More Intimate International and Commercial Relations Between the United States and the Several Countries of Central and South America，U. S. Government Printing Office，1886.

28. Richardson，James D.，*A Compilation of the Messages and Papers of the Presidents*，1789—1902，Government Printing Office，1902.

29. Romero，M.，Barrios，J. Rufino，Herrera Jr.，Manuel，and Cruz，F. "Settlement of the Mexico-Guatemala Boundary Question," *Journal of the American Geographical Society of New York*.

30. Romero，M. "Mr. Blaine and the Boundary Question between Mexico and Guatemala," *Journal of the American Geographical Society of New York*，Vol. 29，No. 3（1897），pp. 281-330.

31. Strong，Josian，*Our Country，Its Possible Future and Its Present Crisis*，Baker & Taylor Company，1891.

32. Volwiler，Albert T.，*The Correspondence Between Benjamin Harrison and James G. Blaine*，1882—1893，The American Philosophical Society，1940.

33. Wheatland. "Letters of Bancroft and Buchanan on the Clayton-Bulwer Treaty，1849，1850," *The American Historical Review*，Vol. 5，No. 1（Oct. 1899），pp. 95-102.

论文类

1. Adams，William Roger. "Strategy，Diplomacy，and Isthmian Canal Security，1880—1917," PhD dissertation，Florida State University，1974.

2. Allin，Lawrence Carroll. "The First Unification Crisis：Chandler，Dingley，Folger，and the Bureau of Navigation，1879—1884," *Military*

Affairs, Vol. 47, No. 3 (Oct., 1983), pp. 133-140.

3. Alstyne, Richard W. Van. "British Diplomacy and the Clayton-Bulwer Treaty, 1850 — 60," *The Journal of Modern History*, Vol. 11, No. 2 (Jun., 1939), pp. 149-183.

4. Ardao, Arturo. "Assimilation and Transformation of Positivism in Latin America," *Journal of the History of Ideas*, Vol. 24, No. 4 (Oct. - Dec., 1963), pp. 515-522.

5. Ammen, Daniel. *The Certainty of the Nicaragua Canal Contrasted with the Uncertainties of the Eads Ship-Railway*, J. Shillington, 1886.

6. Barrett, John. "A Pan-American Policy: The Monroe Doctrine Modernized," *The Annals of the American Academy of Political and Social Science*, Vol. 54, *International Relations of the United States* (Jul., 1914), pp. 1-4.

7. Bartlett III, Laurence Wood. "Not Merely for Defense, the Creation of the New American Navy, 1865 — 1914," PhD dissertation, Texas Christian University, 2011.

8. Bastert, Russel H. "Diplomatic Reversal: Frelinghuysen's Opposition to Blaine's Pan-American Policy in 1882," *The Mississippi Valley Historical Review*, Vol. 42, No. 4 (Mar., 1956), pp. 653-671.

9. Bastert, Russell H. "A New Approach to the Origins of Blaine's Pan American Policy," *The Hispanic American Historical Review*, Vol. 39, No. 3 (Aug., 1959), pp. 375-412.

10. Benedict, Michael Les. "Factionalism and Representation: Some Insight from the Nineteenth-Century United States," *Social Science History*, Vol. 9, No. 4 (Autumn, 1985), pp. 361-398.

11. Blaine, Allan Peskin. "Garfield and Latin America: a New Look," *The Americas*, Vol. 36, No. 1 (Jul., 1979), pp. 79-89.

12. Bourne, Kenneth. "The Clayton-Bulwer Treaty and the Decline of British Opposition to the Territorial Expansion of the United States, 1857 —1860," *The Journal of Modern History*, Vol. 33, No. 3 (Sep., 1961), pp. 387-291.

13. Brady David Brody, Richard and Epstein David. "Heterogeneous Parties and Political Organization: The U. S. Senate, 1880 — 1920," *Legislative Studies*

Quarterly，Vol. 14，No. 2 (May, 1989)，pp. 205-223.

14. Brantley，Daniel. "Black Diplomacy and Frederick Douglass's Caribbean Experiences，1871 and 1889 — 1891：the Untold History," *Phylon*，Vol. 45，No. 3 (3rd Qtr 1984)，pp. 197-209.

15. Burns，E. Bradford. "Ideology in Nineteenth-Century Latin American Historiography," *The Hispanic American Historical Review*，Vol. 58，No. 3 (Aug., 1978)，pp. 409-431.

16. Calogero，Stephen. "Why Positivism Failed Latin America," *Inter-American Journal of Philosophy*，Vol. 3，Issue 1，June，2012. p. 35-58.

17. Casey，Clifford B. "The Creation and Development of the Pan-American Union," *The Hispanic American Historical Review*，Vo. 13，No. 4(Nov., 1933)，pp. 437-456.

18. Claire，Guy Shirk. "Reciprocity as a Trade Policy of the United States," *The Annals of the American Academy of Political and Social Science*，Vol. 141，Tariff Problems of the United States (Jan., 1929)，pp. 36-42.

19. Coates，Benjamin A. "The Pan-American Lobbyist：William Eleroy Curtis, and U. S. Empire, 1884—1899," *Diplomatic History*，Vol. 38，No. 1 (2014)，pp. 22-48.

20. Coatsworth，John H. "Obstacle to Economic Growth in Nineteenth-Century Mexico," *The American Historical Review*，Vol. 83，No. 1(Feb., 1978)，pp. 80-100.

21. Coatsworth，John H. and Williamson，Jeffrey G. "The Roots of Latin American Protectionism：Looking Before the Great Depression," *NBER Working Paper*，No. 8999，June，2002.

22. Corthell，Elmer L. "The Interoceanic Problem，and Its Scientific Solution," *An address Before the American Association for the Advancement of Science*，*Third Edition*，*Thrity-Fourth Meeting*，Ann，Michigan，Agust 26，1885.

23. Cottrol，Robert J. "A New Economic View of American History by Susan Previant Lee, Peter Passell," *Journal of Economic Issues*，Vol. 15，No. 3 (Sep., 1981)，pp. 821-825.

24. Cruz，Hernan Santa. "New Problems of Pan-Americanism," *World*

Affairs, Vol. 115, No. 4(Winter, 1952), pp. 106-110.

25. Cuéllar, Alfredo B. "Railroad Problems of Mexico," *The Annals of the American Academy of Political and Social Science*, Vol. 187, Railroads and Government (Sep., 1936), pp. 193-206.

26. Diebold, J. William. "A Merchant Marine Second to None?" *Foreign Affairs*, Vol. 21, No. 4 (Jul., 1943), pp. 711-720.

27. Dominguez, Jorge I. "U. S. Interests in the Caribbean," *Harvard International Review*, Vol. 4, No. 2 (October 1981), pp. 1, pp. 21-27.

28. Donly, A. W. "The Railroad Situation in Mexico," *The Journal of International Relations*, Vol. 11, No. 2 (Oct., 1920), pp. 234-251.

29. Douglass, Frederick. "Haiti and the United States, Inside History of the Negotiation for the Mole St. Nicolas. I," *The North American Review*, Vol. 153. No. 418 (Sep., 1891), pp. 337-345.

30. Douglass, Frederick. "Haiti and the United States, Inside History of the Negotiation for the Mole St. Nicolas. II", *The North American Review*, Vol. 153. No. 419. (Oct.,1891), pp. 450-459.

31. Eliot, George Fielding. "Defense in Two Oceans," *Proceedings of the Academy of Political Science*, Vol. 19, No. 3(May, 1941), pp. 21-27.

32. Engstrom, Erik J. "*Gerrymandering and the Evolution of American Politics, from Partisan Gerrymandering and the Construction of American Democracy*," University of Michigan Press, 2003.

33. Engstrom, Erik J. "Stacking the States, Stacking the House: the Partisan Consequences of Congressional Redistricting in the 19th Century," *The American Political Review*, Vol. 100, No. 3 (Aug., 2006), pp. 419-427.

34. Fels, Rendigs. "The American Business Cycle of 1879 — 1885," *Journal of Political Economy*, Vol. 60. No. 1(Feb.,1952), pp. 60-75.

35. Fisher, F. C. "The Arbitration of the Guatemalan-Honduran Boundary Dispute," *The American Journal of International Law*, Vol. 27, No. 3 (Jul., 1933), pp. 403-427.

36. Formisano, Ronald P. "The Party Period Revisited," *The Journal of American History*, Vol. 86, No. 1(Jun., 1999), pp. 93-120.

37. Gignilliat, John L. "Pigs. Politics, and Protection, the European

Boycott of American Pork, 1879—1891," *Agricultural History*, Vol. 35, No. 1 (Jan., 1961), pp. 3-12.

38. Hale, Charles A. "The Reconstruction of Nineteenth-century Politics in Spanish America: a Case for the History of Ideas," *Latin American Research Review*, Vol. 8, No. 2 (Summer, 1973), pp. 53-73.

39. Hardy, Osgood. "The Revolution and the Railroads of Mexico," *Pacific Historical Review*, Vol. 3. No. 3. (Sep., 1934), pp. 249-269.

40. Harley, Charles K. "British Shipbuilding and Merchant Shipping: 1850—1890," *The Journal of Economic History*, Vol. 30, No. 1(Mar., 1970), pp. 262-266.

41. Harrison, Lawrence E. "Waking from the Pan-American Dream," *Foreign Policy*, No. 5 (Winter, 1971—1972), pp. 163-181.

42. Van Hartesveldt, Fred R. "The Personal Factor in the Negotiation of the Clayton-Bulwer Treaty," *Memorandum by Clarendon on the Clayton-Bulwer Treaty*, August 1, 1854, pp. 158-168.

43. Hays, Samuel P. "The Social Analysis of American Political History, 1880—1920," *Political Science Quarterly*, Vol. 80, No. 3(Set., 1965), pp. 373-394.

44. Hedges, Charles, ed., *Speeches of Benjamin Harrison*, 1892, pp. 68-69.

45. Henderson, Peter V. N. "Border Wars in South America During the 19th Century," *Oxford Research Encyclopedia of Latin American History*, Aug., 2016.

46. Himelhoch, Myra. "Frederick Douglass and Haiti's Mole St. Nicolas," *The Journal of Negro History*, Vol. 56, No. 3 (Jul., 1971), pp. 161-180.

47. Hutchins, John G. B. "The Declining American Maritime Industries: an Unsolved Problem, 1860 — 1940," *The Journal of Economic History*, Vol. 6, *Supplement: The Tasks of Economic History* (May, 1946), pp. 103-122.

48. Irwin, Douglas A. "Interpreting the Tariff-Growth Correlation in the Late Nineteenth Century", *The American Economic Review*, Vol. 92, No. 2, *Papers and Proceedings of the One Hundred Fourteenth Annual Meeting of the American Economic Association* (May, 2002), pp. 165-169.

49. Junguito, Antonio Tena. "Tariff History Lessons from the European Periphery Protection Intensity and the Infant Industry Argument in Spain and Italy 1870－1930," *Historical Social Research*, Vol. 35, No. 1(131), Global Communication: Telecommunication and Global Flows of Information in the Late 19th and Early 20th Century, 2010, pp. 340-362.

50. Kaler, Jeremy Joseph, "The Intercontinental Railway Project," *A Thesis of Master of Arts Minnesota State University*, 2012.

51. Kiernan, V. G. "Foreign Interests in the War of the Pacific," *The Hispanic American Historical Review*, Vol. 35, No. 1 (Feb., 1955), pp. 14-36.

52. Korzi, Michael J. "A New Migration of Political Forces: Party Decline and Presidential Leadership in Late Nineteenth-Century America," *Polity*, Vol. 36, No. 2, (Jan., 2004), pp. 251-282.

53. Lebergott, Stanley. "The Returns to U. S. Imperialism, 1890－1929," *The Journal of Economic History*, Vol. 40, No. 2 (Jun., 1980), pp. 229-252.

54. Lockey, Joseph B. "The Meaning of Pan-Americanism," *The American Journal of International Law*, Vol. 19, No. 1 (Jan., 1925), pp. 104-117.

55. Loveman, Brian, "*US Foreign Policy Toward Latin America in the 19th Century*," Jul 2016, from *The Oxford Research Encyclopedia, Latin American History*.

56. Maingot, Anthony P.. "American Foreign Policy in the Caribbean Continuities, Changes, and Contingencies," *International Journal*, Vol. 40, No. 2, The Caribbean (Spring, 1985), pp. 312-330.

57. Marini, Ruy Mauro. "The Paths of Latin American Integration," *Social Justice*, Vol. 19, No. 4 (50), Latin America Faces the 21st Century (Winter 1992), pp. 34-47.

58. Martz, John D. "Economic Relationships and the Early Debate over Free Trade," *The Annals of the American Academy of Political and Social Science*, Vol. 526, Free Trade in the Western Hemisphere (Mar., 1993), pp. 25-35.

59. McClure, Wallace. "German-American Commercial Relation," *The*

American Journal of International Law，Vol. 19，No. 4（Oct., 1925），pp. 689-701.

60. Morgan. John T，"Mexico," *The North American Review*，Vol. 317，No. 318（May，1883），pp. 409-418.

61. Naylor，Robert A. "The British Role in Central American Prior to the Clayton-Bulwer Treaty of 1850," *The Hispanic American Historical Review*，Vol. 40，No. 3（August，1960），pp. 361-382.

62. O'Rourke，Kevin H. "The European Grain Invasion，1870 — 1913," *The Journal of Economic History*，Vol. 57，No. 4（Dec., 1997），pp. 775-801.

63. O'Rourke，Kevin H. "Tariff and Growth in the Late 19th Century," *The Economic Journal*，Vol. 110（April），pp. 456-483.

64. Ortega，Luis. "Nitrates, Chilean Entrepreneurs and the Origins of the War of the Pacific," *Journal of Latin American Studies*，Vol. 16，No. 2（Nov., 1984），pp. 337-380.

65. Osborne，John Ball. "Reciprocity in the American Tariff System," *The Annals of the American Academy of Political and the Science*，Vol. 23，Tariff Problems，American and British（Jan., 1904.），pp. 55-83.

66. Padilla，Andrés Sánchez，"En defensa de la Doctrina Monroe? Los desencuentros en América Latina entre España y Estados Unidos（1880 — 1890），" http://dx. doi. org/10. 7440/histcrit62. 2016. 01.

67. Parker，William N. "Source of Agricultural Productivity in the Nineteenth Century," *Journal of Farm Economics*，Vol. 49，No. 5，Proceedings Number（Dec., 1967），pp. 1455-1468.

68. Pasco Samuel，"The Isthmian Canal Question as Affected by Treaties and Concessions," *The Annals of the American Academy of Political and Social Science*，Vol. 19，Commerce and Transportation（Jan., 1902），pp. 24-45.

69. Pepper，Charles M. "Influence of the Pan-American Railway on Arbitration and Peace Among the American Republics," *The Advocate of Peace*（1894—1920），Vol. 66，No. 7（July 1904），pp. 129-131.

70. Perry，O. Richard. "Argentina and Chile，The Struggle for Patagonia 1843—1881," *The Americas*，Vol. 36，No. 3（Jan., 1980），pp.

347-363.

71. Peskin, Allan. "Who Were the Stalwarts? Who Were Their Rivals? Republican Factions in the Gilded Age," *Political Science Quarterly*, Vol. 99, No. 4 (Winter, 1984—1985), pp. 703-716.

72. Pitre, Merline. "Frederick Douglass and American Diplomacy in the Caribbean," *Journal of Black Studies*, Vol. 13, No. 4 (Jun., 1983), pp. 457-475.

73. Platt, D. C. M. "Dependency in Nineteenth-Century Latin America: An Historian Objects," *Latin American Research Review*, Vol. 15, No. 1 (1980), pp. 113-130.

74. Plesur, Milont. "American Looking Outward," *The Historian*, Vol. 22, No. 3 (May, 1960), pp. 280-295.

75. Pletcher, David M. "Reciprocity and Latin America in the Early 1890s: A Foretaste of Dollar Diplomacy," *Pacific Historical Review*, Vol. 47, No. 1 (Feb., 1978), pp. 55-83.

76. Pletcher, David M. "Mexico Opens the Door to American Capital, 1877—1880," *The Americans*, Vol. 16, No. 1, July 1959, pp. 1-14.

77. Pollard, S. "Laissez-Faire and Shipbuilding," *The Economic History Review*, *New Series*, Vol. 5, No. 1 (1952), pp. 98-115.

78. Polyné, Millery. "Expansion Now!: Haiti, 'Santo Domingo,' and Frederick Douglass at the Intersection of U. S. and Caribbean Pan-Americanism," *Caribbean Studies*, Vol. 34, No. 2 (Jul.-Dec., 2006), pp. 3-45.

79. Priego, Natalia. "Porfirio Diaz, Positivism and the Scientists: a Reconsideration of the Myth," *Journal of Iberian and Latin American*, Vol. 18, No. 2 (Dec. 1, 2012), pp. 135-150.

80. Rezneck, Samuel. "Patterns of Thought and Action in an American Depression, 1882—1886," *The American Historical Review*, Vol. 61, No. 2 (Jan., 1956), pp. 284-307.

81. Rippy, J. Fred. "Justo Rufino Barrios and the Nicaraguan Canal," *The Hispanic American Historical Review*, Vol. 20, No. 2 (May, 1940), pp. 190-197.

82. Rippy, J. Fred. "Relations of the United States and Guatemala

during the Epoch of Justo Rufino Barrios," *The Hispanic American Historical Review*, Vol. 22, No. 4 (Nov., 1942), pp. 595-605.

83. Rodríguez, Mario. "The Prometheus and the Clayton-Bulwer Treaty," *The Journal of Modern History*, Vol. 36, No. 3 (Sep., 1964), pp. 260-278.

84. Rogers, James Allen. "Darwinism and Social Darwinism," *Journal of the History of Ideas*, Vol. 33, No. 2 (Apr. — Jun., 1972).

85. Rollins, John William. "Frederick Theodore Frelinghusyen, 1817—1885: the Politics and Diplomacy of Stewardship," PhD thesis, the University of Wisconsin, 1974.

86. Romero, Matia. "Mr. Blaine and the Boundary Question Between Mexico and Guatemala," *American Geographical Society*, XXIX (1897), pp. 281-330.

87. Matias Romero. "The Pan-American Conference II," *The North American Review*, Vol. 151, No. 407(Oct., 1890), pp. 407-421.

88. Salvatore, Ricardo D. "Imperial Mechanics: South America's Hemispheric Integration in the Machine Age," *American Quarterly*, Vol. 58, No. 3, from *Rewiring the "Nation": The Place of Technology in American Studies*(Sep., 2006), pp. 662-691.

89. Sears, Louis Martin. "Frederick Douglass and the Mission to Haiti, 1889—1891," *The Hispanic American Historical Review*, Vol. 21, No. 2 (May, 1941), pp. 222-238.

90. Sensabaugh, Leon F. "The Attitude of the United States toward the Colombia-Costa Rica Arbitral Proceedings," *The Hispanic American Historical Reviews*, Vol. 19, No. 1 (Feb., 1939), pp. 16-30.

91. Sewell, Mike. "Political Rhetoric and Policy: James G. Blaine and Britain," *Journal of American Studies*, Vol. 24, No. 1 (Apr., 1990), pp. 61-84.

92. Shade, William G. Hopper, Stanley D. Jacobson, David and Moiles, Stephen E. "Partisanship in the United States Senate: 1869—1901," *The Journal of Interdisciplinary History*, Vol. 4, No. 2 (Autumn, 1973), pp. 185-205.

93. Snyder, Louis L. "The American-German Pork Dispute, 1879—

1881," *The Journal of Modern History*, Vol. 17, No. 1 (Mar., 1945), pp. 16-28.

94. Spetter, Allan. "Harrison and Blaine: Foreign Policy, 1889 — 1893," *Indiana Magazine of History*, Volume 65, 1965, Issue 3, pp. 215-227.

95. Spiekerman, Uwe. "Dangerous Meat, German-American Quarrels over Pork and Beef, 1860 — 1890," *GHI Research Bulletin of the German Historical Institute*, 2010, pp. 93-110.

96. Swell, M. "Political rhetoric and policymaking: James G. Blaine and Britain," *Journal of American Studies*, Vol. 24, No. 1(Apr., 1990), pp. 61-84.

97. Taber, Martha. "The American Clyde, a History of Iron and Steel Shipbuilding on the Delaware from 1840 to World War I by David B. Tyler," *The Journal of Economic History*, Vol. 19, No. 1 (Mar., 1959), pp. 153-154.

98. Tena, Antonia. "The Good Reputation of late XIX Century Protectionism: Manufacture versus Total Protection in the European Tariff Growth Debate," Paper presented to the Colegio de Mexico pre-conference 2nd to 3rd of March, 2006.

99. Thompson, Peter. "Selection and Firm Survival: Evidence from the Shipbuilding Industry, 1825 — 1914," *The Review of Economics and Statistics*, Vol. 87, No. 1 (Feb., 2005), pp. 26-36.

100. Valdebenito, Hugo Castro & Sanchez, Alessandro Monterverde. "Conference of Arica and American Diplomacy During the Nitrate War 1879 — 1881," *Journal of Historical Archaeology & Anthropological Sciences*, (January 11, 2018), Vol. 3, pp. 25-30.

101. Van Hoy, Teresa M. "La Marcha Violenta? Railroads and Land in 19th Century Mexico," *Bulletin of Latin American Research*, Vol. 19, No. 1(Jan., 2000), pp. 33-61.

102. Vivian, James F. "The Pan American Conference Act of May 10, 1888: President Cleveland and the Historians," *The Americas*, Vol. 27, No. 2 (Oct., 1970), pp. 185-192.

103. Vivian, James F. "The Commercial Bureau of American Republics,

1894 — 1902：The Advertising Policy，the State Department，and the Governance of the International Union，" *Proceedings of the American Philosophical Society*，Vol. 118，No. 6（Dec. 27，1974），pp. 555-566.

104. Volwiler，A. T. "Harrison，Blaine，and American Foreign Policy，1889—1893," *Proceedings of the American Philosophical Society*，Vol. 79，No. 4（Nov. 15，1938），pp. 637-648.

105. White，William H. "The New American Navy by John D. Long," *The North American Review*，Vol. 178，No. 571（Jun.，1904），pp. 820-828.

106. Wilgus，A. Curtis. "James G. Blaine and the Pan-American Movement," *The Hispanic American Historical Review*，Vol. 5，No. 4（Nov.，1922），pp. 662-708.

107. Williams，Mark Eric. "Understanding U. S.-Latin American Relations：Theory and History," *Routledge*，2012.

108. Willis，H. Parker，"Reciprocity with Cuba," *American Academy of Political and Social Science*，Vol. 22，The United States and Latin America（Jul.，1903），pp. 129-147.

109. Woll，Allen L. "Positivism and History in Nineteenth-Century Chile：Jose Victorino Lastarria and Valentin Letelier," *Journal of the History of Ideas*，Vol. 37，No. 3（Jul—Sep.，1976），pp. 493-506.

110. Wolters，Timothy S. "Recapitalizing the Fleet：A Material Analysis of Late-Nineteenth-Century U. S. Naval Power," *Society for the History of Technology*，2011.

111. Zussman，Asaf. "The Rise of German Protectionism in the 1870s：a Macroeconomic Perspective," *Stanford Institute for Economic Policy Research*，Stanford University，January 2002.

专著类

1. Alonso，Aguilar Monteverde，*Pan-Americanism，from Monroe to the Present：A View from the Other Side* MR Press，1968.

2. Antonia Pi-Suñer y Andrés Agustín Sánchez，*Una historia de encuentros y desencuentros：México y España en el siglo XIX* Secretaría de Relaciones Exteriores，2001.

3. Atkins, G. Pope & Wilson, Larman Curtis, *The Dominican Republic and the United States: From Imperialism to Transnationalism*, University of Georgia Press, 1998.

4. Bailey, Thomas Andrew, *A Diplomatic History of the American People*: Appleton-Century-Crofts, 1964.

5. Barrows, Chester L., *William M. Evarts, Lawyer, Diplomat, Stateman*, The University of North Carolina Press, 1941.

6. Beisner, Robert L. *From the Old Diplomacy to the New*, AHM Publishing Corporation, 1975.

7. Bemis, S. F. *Latin America Policy of the United States*, Harcourt, Brace and Company, 1943.

8. Bemis, Samuel Flagg. *The American Secretaries of States and Their Diplomacy*, Cooper Square Publishers, 1966.

9. Bemis, S. F. *Latin America Policy of the United States, a Historical Interpretation*, Harcourt, Brace and Company, 1943.

10. Bigelow, John. *Breaches of Anglo-American Treaties: A Study in History and Diplomacy*, Sturgis & Walton Company, 1917.

11. Blaine, James G. *James A. Garfield, Memorial Address Pronounced in the House of Representatives February 27, 1882*, Government Printing Office, 1882.

12. Blumenthal, Henry. *France and the United States: Their Diplomatic Relations, 1789—1914*, University of North Carolina Press, 2012.

13. Brigonoli, Hector Perez. *A Brief History of Central America*, translated by Ricardo B. Sawerey A. and Susana Stettri de Sawrey, University of California Press, 1989.

14. Bulmer-Thomas, Victor. *The Economic History of Latin America Since Independence*, Cambridge University Press, 2003.

15. Bulnes, Don Gonzalo. *Chile and Peru, the Causes of the War of 1879*, Imprenta Universitaria, 1920.

16. Calhoun, Charles W. *Benjamin Harrison: The American Presidents Series: the 23rd President, 1889—1893*, Macmillan, 2005.

17. Callahan, James Morton. *American Foreign Policy in Mexican Relations*, The Macmillan Company, 1932.

18. Clayton, Lawrence A. *Peru and the United States: The Condor and the Eagle*, University of Georgia Press, 1999.

19. Cleaver, N. *Grover Cleveland's New Foreign Policy: Arbitration, Neutrality, and the Dawn of American Empire*, Springer, 2014.

20. Crapol, Edward P. *American for Americans, Economic Nationalism and Anglophobia in the Late Nineteenth Century*, Greenwood Press, 1973.

21. Crapol, Edward P. *James G. Blaine: Architect of Empire*, Rowman & Littlefield, 2000.

22. Curti, Merle. *The Growth of American Thought*, Harper & Brothers Publishers, 1951.

23. Curtis, William Eleroy. *The United States and Foreign Powers*, Cornell University Library 1899.

24. Dash, J. Michael. *Haiti and the United States*, Macmillan, 1997.

25. Davids, Jules. *American Political and Economic Penetration of Mexico, American Political and Economic Penetration of Mexico*, 1877—1920, ACLS History EBook Project, 2008.

26. Davis, Harold Eugene and Wilson, Larman C. *Latin American Foreign Policies: An Analysis*, The John Hopkins University Press, 1975.

27. Dekalb, Milton Plesur. *America's Outward Thrust Approaches to Foreign Affairs*, 1865—1890, Northern Illinois University Press, 1971.

28. Devine, Michael J. *John W. Foster: Politics and Diplomacy in the Imperial Era*, 1873—1917, Ohio University Press, 1981.

29. Doenecke, Justus D. *The Presidency of James A. Garfield & Chester A. Arthur*, University of Press of Press of Kansas, 1985.

30. Douglass, Frederick. *Life and Times of Frederick Douglass, Written by Himself: His Early Life as a Slave, His Escape from Bondage, and His Complete History to the Present Time, Including His Connection with the Anti-Slavery Movement*, Park publishing, 1882.

31. Eckes, Jr., Alfred E. *Opening America's Market: U. S. Foreign Trade Policy since 1776*, the University of North Carolina Press, 1995.

32. Edwards, Rebecca. *New Spirits: Americans in the Gilded Age*, 1865—1905, Oxford University Press, 2006.

33. Engstrom, Erik J. *Gerrymandering and the Evolution of American Politics*, *from Partisan Gerrymandering and the Construction of American Democracy*, University of Michigan Press, 2003.

34. Fausto, Boris. *A Concise History of Brazil*, Cambridge University Press, 2014.

35. Fernández, Manuel A. *Technology and British Nitrate Enterprises in Chile*, 1880—1914, Institute of Latin American Studies, University of Glasgow, 1981.

36. Fogelson, Robert M. *Downtown: Its Rise and Fall*, 1880—1950, Yale University Press, 3rd Printing edition, April 10, 2003.

37. Fukuyama, Francis, ed. *Falling Behind: Explaining the Development Gap Between Latin America and the United States*, Oxford University, 2010.

38. Garndin, Greg. *Empire's Workshop: Latin America, the United States, and the Rise of the New Imperialism*, Macmillan, 2006.

39. Gil, Carlos B. *The Age of Porfirio Díaz: Selected Readings*, University of New Mexico Press, 1977.

40. Gilderhus, Mark T. *The Second Century: U. S.-Latin American Relations Since* 1889, Rowman & Littlefield, 2000.

41. Glasner, David & Cooley, Thomas F. *Business Cycles and Depressions: an Encyclopedia*, Garland Pub., 1997.

42. Goldstein, Judith. *Ideas, Interests, and American Trade Policy*, Cornell University Press, 1993.

43. Graff, Henry F. *Grover Cleveland: The American Presidents Series: The 22nd and 24th President*, 1885—1889 *and* 1893—1897, Macmillan, 2002.

44. Greenberg, Brian & Watts, Linda S. & Greenwald, Richard A. & Reavley, Gordon. *Social History of the United States*, the ABC-CLIO, 2008.

45. Hamilton, Gail. *Biography of James G. Blaine*, H. Bill Publishing Company, 1895.

46. Harrison, Lawrence E. *The Pan-American Dream: Do Latin America's Cultural Values Discourage True Partnership with the United States and Canada?* Basic Books, 1997.

47. Hawkins, Michael & Hawkins, Mike. *Social Darwinism in European and American Thought*, 1860—1945: *Nature as Model and Nature as Threat*, Cambridge University Press, 1997.

48. Healy, David. *James G Blaine and Latin America*, University of Missouri Press, 2001.

49. Heinl, Robert Debs & Heinl, Nancy Gordon, (newly revised and expand by Heinl, Michael). *Written in Blood: The Story of the Haiti People*, 1492—1995, University Press of America, 2005.

50. Hendrickson, David C. *Union, Nation, or Empire: The American Debate over International Relations*, 1789—1941, University Press of Kansas, 2009.

51. Hirst, Monica. *The United States and Brazil: A Long Road of Unmet Expectations*, Routledge, 2005.

52. Hobsbawm, E. J. *The Age of Empire*: 1975—1914, Vintage Books, 1987.

53. Hobsbawm, Eric. *The Age of Empire*: 1875—1914, Vintage Bookls,1989.

54. Hofstadter, Richard. *Social Darwinism in American Thought*, George Braziller Inc., 2nd Printing, 1959.

55. Holden, Robert H. & Zolov, Eric. *Latin America and the United States: A Documentary History*, Oxford University Press, 2000.

56. Inman, Samuel Guy & Davis, Harold Eugene. *Inter-American Conferences*, 1826—1954: *History and Problems*, University Press, 1965.

57. Inman, Samuel Guy. *Problems in Pan Americanism*, George H. Doran Company, 1925.

58. Karnes, Thomas L., ed. *Readings in the Latin American Policy of the United States*, The University of Arizona Press, 1972.

59. Keasbey, Lindley Miller. *The Nicaragua Canal and the Monroe Doctrine: A Political History of Isthmus Transit, with Special Reference to the Nicaragua Canal Project and the Attitude of the United States Government Thereto*, G. P. Putnam's Sons, Entered at Stationers' Hall, 1896.

60. Kleppner, Paul. *The Third Electoral System*, 1853—1892:

Parties, *Voters and Political Cultures*, University of North Carolina Press, 1979.

61. LaFeber, Walter. *The Panama Canal*: *The Crisis in Historical Perspective*, Oxford University Press, Incorporated, 1989.

62. LaFeber, Walter. *The New Empire*: *An Interpretation of American Expansion*, 1860—1898, Cornell University Press, 1998.

63. Langley, Lester D & Schoonover, Thomas D. *The Banana Men*: *American Mercenaries and Entrepreneurs in Central America*, 1880 — 1930, University Press of Kentucky, 2014.

64. Langley, Lester D. *America and the Americans*: *The United States in the Western Hemisphere*, 2nd edition, The University of Georgia Press, 2010.

65. Lanley, Lester D. *Struggle for the American Mediterranean*: *United States-European Rivalry in the Gulf-Caribbean*, 1776 — 1894, University of Georgia Press, 1982.

66. Latane, John Holladay. *The Diplomatic Relations of the United States and Spanish America*, John Hopkins Press 1900.

67. Lee, Susan Previant & Passell, Peter. *A New Economic View of American History*, Norton, 1979.

68. Lens, Sidney & Zinn, Howard. *The Forging of the American Empire*: *From the Revolution to Vietnam*, *a History of U. S. Imperialism*, Pluto Press, 2003.

69. Leonard, Thomas M., ed. *Untied States-Latin American Relations*, 1850 — 1903: *Establishing a Relationship*, The University of Alabama Press, 1999.

70. Leonard, Thomas M. *Central America and the United States*: *The Search for Stability*, University of Georgia Press, 1991.

71. Licht, Walter. *Nineteenth-Century American Railway*: *A Study in the Nature and Organization of Work*, Princeton University, 1977.

72. Logan, Rayford W. *The Diplomatic Relations of the United States with Haiti*, 1776 — 1891, The University of North Carolina Press, 1941.

73. Logan Cornelius A. y el Dr. Francisco Garcia Calderon, *Mediacion*

de los Estados Unidos de Norte América en la guerra del Pacífico，Imprenta y Liberaia de Mayo，calle Peru 115，1884.

74. S. F. Bemis, ed. *The American Secretary of State and Their Diplomacy* 1776—1925，Vol. 7，Cooper Square Publishers，1963.

75. Maingot，Anthony P. & Lozan，Wilfredo. *The United States and the Caribbean：Transforming Hegemony and Sovereignty*，Routledge，2013.

76. John G. Marshall. *U. S. Intervention in Latin America：An Evolving Policy，or a Quest for Supremacy?* Claremont McKenna College，2016.

77. Martí，José & Foner，Philip S.，ed.*Inside the Monster：Writings on the United States and American Imperialism*，translated by Randall，Elinor. Monthly Review Press，1977.

78. Martz，John D. and Schoultz，Lars. *Latin America，the United States，and the Inter-American System*，Westwiew Press，1980.

79. Mason，Theodorus B. M. *The War on the Pacific Coast of South America Between Chile and the Allied Republics of Peru and Bolivia：1879—1881*，Govt. Print. Off.，1885.

80. McGann，Thomas F. *Argentina，the United States，and the Inter-American System 1880—1914*，Harvard University Press，1957.

81. Merli，Frank J. & Wilson，Theodore A.，ed. *Makers of American Diplomacy：From Benjamin Franklin to Alfred Thayer Mahan*，Charles Scribner's sons，1974.

82. Mikesell，Raymond F. *Liberalization of Inter-Latin American Trade*，Washington：Dept. of Economic and Social Affairs，Pan American Union，1957.

83. Miller，Connie A. *Frederick Douglass American Hero：An International Icon of the Nineteenth Century*，Sr. Xlibris Corporation，2008.

84. Miller，Hunter. *Treaties and Other International Acts of the United States of America*，Government Printing Office，1937.

85. Millionton，Herber. *American Diplomacy and the War of Pacific*，Columbia University，1948.

86. Modern，Percy Ashley. *Tariff History：Germany，United States，France*，Fertig，1970.

87. Moebs, Thomas Truxtun. *America's Naval Heritage: A Catalog of Early Imprints from the Navy Department Library*, Government Printing Office, 2000.

88. Morgan, H. Wayne. *From Hayes to Mckinley: National Party Politics, 1877 — 1896*, Syracuse, Syracuse University Press, 1969.

89. Moore, John Bassett. *Henry Clay and Pan-Americanism*, Westerfield, Bont & Co., 1915.

90. Morgan, Howard Wayne. *The Gilded Age: A Reappraisal*, Syracuse University Press, 1963.

91. Muzzey, David Saville. *James G. Blaine: A Political Idol of Other Days*, Dodd, Mead & Company, 1934.

92. Norden, Deborah & Russell, Roberto Guillermo. *The United States and Argentina: Changing Relations in a Changing World*, Routledge, 2013.

93. O'Brien, Thomas F. *Making the Americas: The United States and Latin America, from the Age of Revolutions to the Era of Globalization*, University of New Mexico Press, 2007.

94. Parks, E. Taylor. *Colombia and the United States, 1765 — 1934*, Greenwood Press. 1935.

95. Pérez, Louis A. *Cuba and the United States: Ties of Singular Intimacy*, University of Georgia Press, 2011.

96. Perkins, Dexter. *A History of the Monroe Doctrine*, Little, Brown and Company, 1963.

97. Perkins, Dexter. *U. S. and Latin America*, Louisiana State University Press, 1961.

98. Persons, Stow. *American Minds: A History of Ideas*, New York: Henry Holt and Company, 1958.

99. Peterson, Harold F. *Argentina and the United States 1810 — 1960*, SUNY Press, 1964.

100. Pike, Fredrick B. *Chile and the United States, 1880 — 1962: The Emergence of Chile's Social Crisis and the Challenge to United States Diplomacy*, University of Notre Dame Press, 1963.

101. Plesur, Milton. *America's Outward Thrust: Approaches to Foreign*

Affairs, *1865—1890*, Northern Illinois University Press, 1971.

102. Pletcher, David M. *The Awkward Years*: *American Foreign Relations under Garfield and Arthur*, University of Missouri Press, 1962.

103. Pletcher, David M. *The Diplomacy of Trade and Investment*: *American Economic Expansion in the Hemisphere*, *1865—1900*, University of Missouri Press, 1998.

104. Powell, Fred Wilbur. *The Railroads of Mexico*, *Boston*, *Mass*: The Alpine Press.

105. Pratt, Julius W. *Expansionists of 1898*, Baltimore: The Johns Hopkins Press, 1936.

106. Raat, William Dirk & Brescia, Michael M. *Mexico and the United States*: *Ambivalent Vistas*, University of Georgia Press, 2010.

107. Randall, Stephen J. *Colombia and the United States*: *Hegemony and Interdependence*, University of Georgia Press, 1992.

108. Ridpath, John Clark & Connor, Selden. *Life and Work of James G. Blaine*, Historical Publishing Company, 1893.

109. Ronald, Bruce St. John. *The Foreign Policy of Peru*, L. Rienner Publishers, 1992.

110. Rodrigo Fuenzalida Bade, *Marinos ilustres y Recuerdos del pasado*, Sipimex Ltda; Concepcion, 1985.

111. Sater, William F. *Andean Tradegy*: *Fighting the War of the Pacific*, *1879—1884*, University of Nebraska Press, 2007.

112. Sater, William F. *Chile and the United States*: *Empires in Conflict*, University of Georgia Press, 1990.

113. Schoonover, Thomas D. *The United States in Central America*, *1860—1911*, *Episodes of Social Imperialism and Imperial Rivalry in the World System*, Duke University Press, 1991.

114. Schoonover, Thomas. *Germany in Central America*: *Competitive Imperialism*, *1821—1929*, University of Alabama Press, 2012.

115. Schoultz, Lars. *Beneath the United States*, *a History of U. S. Policy toward Latin America*, Harvard University Press, 1998.

116. Scott, James Brown. *The International Conference of American States*, *1889—1928*, Vol. 2, Oxford University Press, 1931.

117. Sharp, Daniel A. *U. S. Foreign Policy and Peru*, University of Texas Press, 2014.

118. Sheinin, David, ed. *Beyond the Ideal: Pan Americanism in Inter-American Affairs*, Praeger Publisher, 2000.

119. Shulman, Mark Russell. *The Emergence of American Sea Power: Politics and the Creations of a U. S. Navy Strategy, 1882 — 1893*, University of California, 1990.

120. Smith, Joseph. *The United States and Latin America: A History of American Diplomacy, 1776 — 2000*, Routledge, 2005,

121. Smith, Joseph. *Historical Dictionaries of United States-Latin American Relations*, The Scarecrow Press Inc., 2007.

122. Smith, Joseph. *Illusions of Conflict: Anglo-American Diplomacy toward Latin America*, 1865—1896, University of Pittsburgh Press, 1979.

123. Smith, Peter H. *Talons of the Eagle: Dynamics of U. S. -Latin American Relations*, Oxford University Press, 2000.

124. Socolofsky, Homer E. and Spetter, Allan B. *The Presidency of Benjamin Harrison*, University Press of Kansas, 1987.

125. Szlajfer, Henryk. *Economic Nationalism and Globalization: Lessons from Latin America and Central Europe*, BRILL, 2012.

126. Tarbell, Ida Minerva. *The Tariff in Our Times*, Macmillan, 1911.

127. Taussig, Frank William. *The Tariff History of the United States*, Ludwig von Mises Institute, 1931.

128. Taylor, Lance. *External Liberalization, Economic Performance and Distribution in Latin America and Elsewhere*, UNU-WIDER, 2000.

129. Terrill, Tom E. *The Tariff, Politics, and American Foreign Policy*, Greenwood Press, 1973.

130. Thiesen, William H. *Industrializing American Shipbuilding: The Transformation of Ship Design and Construction, 1820 — 1920*, University Press of Florida, 2006.

131. Thomas, Christopher R. & Julianan, T. Magloire. *Regionalism versus Multilateralism, the Organization of American States in a Global Changing Environment*, Kluwer Academic Publishers, 2000.

132. Tyler, Alice Felt. *The Foreign Policy of the James G. Blaine*,

Archon Books，1927.

133. Veeser, Cyrus. *A World Safe for Capitalism： Dollar Diplomacy and America's Rise to Global Power*, Columbia University Press，2002.

134. Welch, Richard E. *The Presidencies of Grover Cleveland*, University Press of Kansas，1988.

135. Werth，Barry. *Banquet at Delmonico's： The Gilded Age and the Triumph of Evolution in America*, University of Chicago Press，2011.

136. Whitaker, Arthur Preston. *The Western Hemisphere Idea： Its Rise and Decline*，：Cornell University Press，1954.

137. Whittuck, Edward Arthur B. C. L. *International Canals*，H. M. Stationery Office，1920.

138. Williams, Mark Eric. *Understanding U. S. -Latin American Relations： Theory and History*，Routledge，2012.

139. Williams，Mary Wilhelmine. *Anglo-American Isthmian Diplomacy*，*1814 — 1915*，American Historical Association，Oxford University Press，1916.

140. Williams，William Appleman. *The Tragedy of American Diplomacy*，W. W. Norton & Company，2009.

141. Willis，James Laurence & Parker，Henry. *Reciprocity*，：the Baker & Taylor Co. .

报纸杂志类

New York Times.
New York Tribune，1880—1890.
The Nation，1877—1890.
Atlantic Monthly，1880—1890.
Harper's Weekly，1880—1890.

中文参考文献

专著类

1.〔美〕比米斯:《美国外交史》,叶笃义译,商务印书馆,1985 年。

2.〔美〕E. 布拉德福德·伯恩斯、朱莉·阿·查利普:《简明拉丁美洲史》(插图第 8 版),王宁坤译,世界图书出版公司,2009 年。

3.〔美〕弗雷德里克·B. 派克:《秘鲁近代史》,辽宁大学历史系翻译组译,辽宁人民出版社,1976 年。

4.〔美〕孔华润(沃伦·I. 科恩):《剑桥美国对外关系史》,王琛等译,新华出版社,2004 年。

5.〔美〕哈罗德·斯普雷特、玛格丽特·斯普雷特:《美国海军的崛起》,王忠奎、曹菁译,上海交通大学出版社,2015 年。

6. 韩毅等著:《美国经济史(17－19 世纪)》,社会科学文献出版社,2011 年。

7. 洪国起、王晓德:《冲突与合作:美国与拉丁美洲关系的历史考察》,山西高校联合出版社,1994 年。

8. 洪育沂、徐士澄:《拉美国际关系史纲》,外语教学与研究出版社,1998 年。

9.〔美〕J. C. 布朗:《阿根廷史》,左晓园译,东方出版中心,2010 年。

10.〔英〕莱斯利·贝瑟尔主编:《剑桥拉丁美洲史》(第五卷),社会科学文献出版社,1992 年。

11.〔美〕林恩·福斯特:《中美洲史》,张森根、陈会丽译,中国大百科全书出版社,2011 年。

12. 刘光华:《美国侵略拉丁美洲简史》,世界知识出版社,1957 年。

13. 刘绪贻、杨生茂编:《美国通史》(第二卷),人民出版社,2008 年。

14.〔美〕乔纳森·休斯、路易斯·凯恩:《美国经济史》(第八版),杨宇光等译,格致出版社、上海人民出版社,2013 年。

15.〔美〕S. F. 比米斯:《美国外交史》第一分册,叶笃义译,商务印书馆,1965 年。

16. 孙若彦:《独立以来拉美外交思想史》,人民出版社,2015 年。

17.索萨：《拉丁美洲思想史述略》，云南人民出版社，2003年。

18.〔美〕托马斯·G.帕特森、J.加里·克利福德、肯尼思·J·哈根：《美国外交政策》，李庆余译，吴世民、郭健校，中国社会科学出版社，1999年。

19.王静：《梦想与现实 威廉·亨利·西沃德外交思想与实践》，中国社会科学出版社，2009年。

20.刘文龙：《墨西哥通史》，上海社会科学院出版社，2008年。

21.〔美〕威廉·福斯特：《美洲政治史纲》，生活·读书·新知三联书店，1956年。

22.〔委〕西蒙·玻利瓦尔：《玻利瓦尔文选》，中国社会科学院拉丁美洲研究所译，中国社会科学出版社，1983年。

23.〔美〕小阿瑟·施莱辛格主编：《美国民主党史》，复旦大学国际政治系编译，上海人民出版社，1977年。

24.〔美〕小阿瑟·施莱辛格主编：《美国共和党史》，复旦大学国际政治系编译，上海人民出版社，1977年。

25.徐世澄主编：《美国和拉丁美洲关系史》，社会科学文献出版社，1995年。

26.杨生茂：《美国外交政策史：1775－1989》，人民出版社，1991年。

27.〔美〕约翰·L.雷克特：《智利史》，郝名玮译，中国大百科全书出版社，2009年。

28.张兹暑：《美国两党制发展史》，河北教育出版社，2003年。

29.资中筠、陈乐民：《冷眼向洋：百年风云启示录》（上），生活·读书·新知三联书店，2000年。

论文类

1.〔苏〕C.翁尼冈斯基：《奴役拉丁美洲的工具——美洲国家组织》，赵伊译，《世界知识》1953年第20期。

2.陈海燕：《19世纪美国对拉丁美洲政策的历史演变》，《湖北大学学报（哲学社会科学版）》1990年第6期。

3.褚浩：《19世纪后期美国贸易保护政策研究》，复旦大学博士学位论文，2008年。

4.韩琦：《论拉丁美洲殖民制度的遗产》，《历史研究》2000年第6期。

5.韩琦：《论自由主义对19世纪拉丁美洲的影响》，《世界近现代史研究》2004 年第一辑。

6. 魏红霞：《美国在拉美软实力的构建及其对中国的启示》，《拉丁美洲研究》2009 年第 31 卷，增刊 2。

7. 高静：《美洲经济一体化中的南南合作和南北合作——从理论到实践》，《拉丁美洲研究》2008 年第 3 期。

8. 袁东振，《〈20 世纪拉丁美洲的保守思想〉一书介绍》，《拉丁美洲研究》1992 年第 3 期。

9. 谷纪：《美帝国主义怎样利用"美洲国家组织"侵略和压迫拉丁美洲各国》，《前线》1960 年第 24 期。

10. 姜杰：《论布莱恩的泛美主义思想》，山东师范大学硕士学位论文，2009 年。

11. ［苏］M. 安切索夫：《泛美主义经济"团结"的帝国主义本质》，柯村译，《世界经济文汇》1958 年第 9 期。

12. 李巨轸：《略论早期泛美体系的历史演变》，《历史教学》2007 年第 9 期。

13. 刘德：《泛拉丁美洲主义初析》，《拉丁美洲丛刊》1985 年第 1 期。

14. 屈从文：《美国崛起与扩张的产物》，《大国》（第四辑），北京大学出版社，2005 年 7 月。

15. 任克佳：《美国对南美太平洋转正政策研究》，南开大学博士学位论文，2013 年。

16. 唐庆：《论美国拉美政策中美洲体系的演化》，《江汉大学学报（社会科学版）》2003 年第 3 期。

17. 王萍：《美洲自由贸易区与拉丁美洲一体化》，《拉丁美洲研究》2001 年第 6 期。

18. 王生团：《赫伯特·斯宾塞的思想对镀金时代美国社会影响研究》，东北师范大学博士学位论文，2017 年。

19. 王晓德：《十九世纪末美国提倡的"泛美主义"剖析》，《山西师大学报（社会科学版）》1987 年第 4 期。

20. 徐仪佑：《美国海运政策的演变》，《中国水运》2006 年第 5 期。

21. 张德明：《国际机遇的利用与美国对拉丁美洲的经济扩张》，《郑州大学学报（哲学社会科学版）》2016 年第 6 期。

22. 张文峰：《从门罗宣言到"睦邻政策"——兼论美国对拉丁美洲政策的指导思想》，《拉丁美洲研究》1986 年第 4 期。

23. 章叶:《美洲国家组织——美国侵略拉丁美洲的工具》,《世界知识》1963 年第 18 期。

图书在版编目(CIP)数据

制造"后院"：美国与美洲体系的初步建构：1880—1890 / 金将将著.
— 杭州：浙江大学出版社，2021.4
ISBN 978-7-308-21226-7

Ⅰ.①制… Ⅱ.①金… Ⅲ.①国际关系－研究－美国、拉丁美洲
－1880－1890 ②美国对外政策－研究 Ⅳ.①D871.22

中国版本图书馆 CIP 数据核字(2021)第 058770 号

"制造"后院：美国与美洲体系的初步建构(1880—1890)

金将将 著

责任编辑	蔡 帆	
责任校对	李瑞雪	
封面设计	周 灵	
出版发行	浙江大学出版社	
	(杭州市天目山路 148 号 邮政编码 310007)	
	(网址：http://www.zjupress.com)	
排 版	杭州朝曦图文设计有限公司	
印 刷	广东虎彩云印刷有限公司绍兴分公司	
开 本	710mm×1000mm 1/16	
印 张	10.5	
字 数	167 千	
版 印 次	2021 年 4 月第 1 版 2021 年 4 月第 1 次印刷	
书 号	ISBN 978-7-308-21226-7	
定 价	48.00 元	